수협 회원조합
필기고시(경영학)

수협회원조합
필기고시(경영학)

개정판 발행	2024년 9월 27일
개정2판 발행	2025년 9월 29일
편 저 자	취업적성연구소
발 행 처	㈜서원각
등록번호	1999-1A-107호
주　　소	경기도 고양시 일산서구 덕산로 88-45(가좌동)
교재주문	031-923-2051
팩　　스	031-923-3815
교재문의	카카오톡 플러스 친구[서원각]
홈페이지	goseowon.com

▷ 이 책은 저작권법에 따라 보호받는 저작물로 무단 전재, 복제, 전송 행위를 금지합니다.
▷ 내용의 전부 또는 일부를 사용하려면 저작권자와 (주)서원각의 서면 동의를 반드시 받아야 합니다.
▷ ISBN과 가격은 표지 뒷면에 있습니다.
▷ 파본은 구입하신 곳에서 교환해드립니다.

PREFACE

우리나라 기업들은 1960년대 이후 현재까지 비약적인 발전을 이루었다. 이렇게 급속한 성장을 이룰 수 있었던 배경에는 우리나라 국민들의 근면성 및 도전정신이 있었다. 그러나 빠르게 변화하는 세계 경제의 환경에 적응하기 위해서는 근면성과 도전정신 이외에 또 다른 성장 요인이 필요하다.

한국기업들이 지속가능한 성장을 하기 위해서는 혁신적인 제품 및 서비스 개발, 선도 기술을 위한 R&D, 새로운 비즈니스 모델 개발, 효율적인 기업의 합병·인수, 신사업 진출 및 새로운 시장 개발 등 다양한 대안을 구축해 볼 수 있다. 하지만, 이러한 대안들 역시 훌륭한 인적자원을 바탕으로 할 때에 가능하다. 최근으로 올수록 기업체들은 자신의 기업에 적합한 인재를 선발하기 위해 기존의 학벌 위주의 채용을 탈피하고 기업 고유의 채용 제도를 도입하고 있는 추세이다.

수협회원조합에서도 업무에 필요한 역량 및 책임감과 적응력 등을 구비한 인재를 선발하기 위하여 고유의 필기고시를 치르고 있다. 본서는 수협회원조합 채용대비를 위한 필독서로 수협회원조합 필기고시의 출제경향을 철저히 분석하여 응시자들이 보다 쉽게 시험유형을 파악하고 효율적으로 대비할 수 있도록 구성하였다.

신념을 가지고 도전하는 사람은 반드시 그 꿈을 이룰 수 있습니다. 처음에 품은 신념과 열정이 취업 성공의 그 날까지 빛바래지 않도록 서원각이 수험생 여러분을 응원합니다.

STRUCTURE

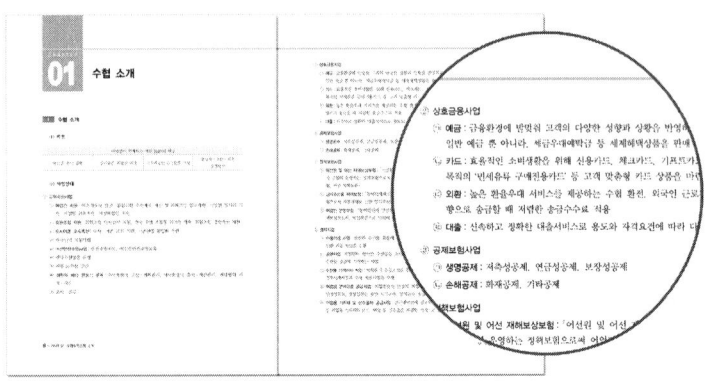

소개
기출문제 유형을 분석하여 적중률 높은 실전과 비슷한 출제예상문제를 수록하였습니다.

출제예상문제
각 영역별 출제가 예상되는 문제를 엄선하여 수록하였습니다.

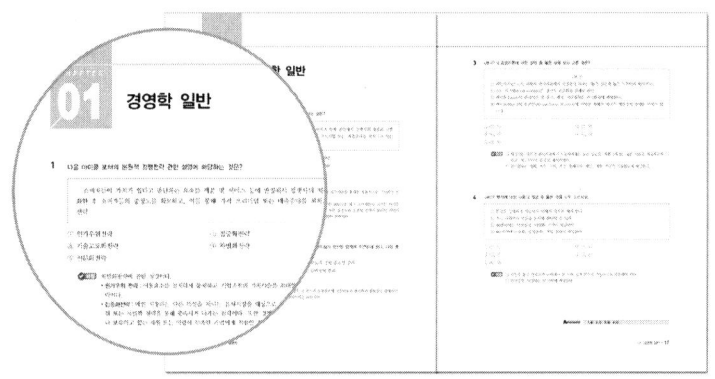

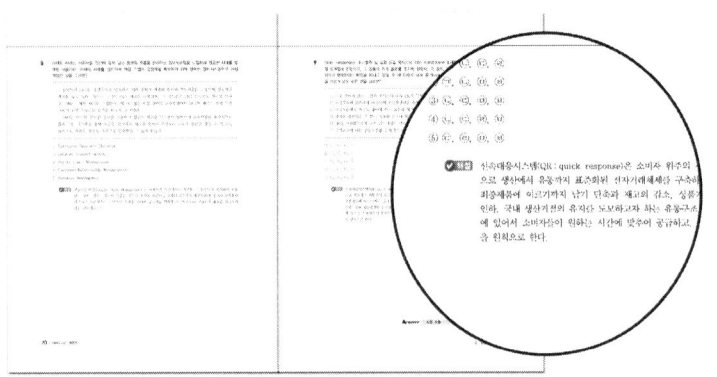

정답 및 해설
매 문제마다 상세한 해설을 달아 문제풀이만으로도 시험 대비가 가능하도록 구성하였습니다.

CONTENTS

PART 01 수협회원조합 소개
01 수협소개 · 8
02 채용안내 · 12

PART 02 경영학
01 경영학일반 · 16
02 조직행위 · 52
03 생산관리 · 76
04 마케팅관리 · 100
05 인적자원관리 · 136
06 재무관리 · 170

- **01** 수협 소개
- **02** 채용안내

PART 01

수협회원조합 소개

CHAPTER 01 수협 소개

1 수협 소개

(1) 비전

어업인이 부자되는 어부(漁富)의 세상			
어업인 권익 강화	살기좋은 희망찬 어촌	지속가능한 수산환경 조성	중앙회 · 조합 · 어촌 상생발전

(2) 사업안내

① 교육지원사업
  ㉠ 어업인 지원 : 어촌지도상 발굴, 불합리한 수산제도 개선 및 피해보상 업무지원, 어업인 일자리 지원, 어업인 교육지원, 여성어업인 지원
  ㉡ 회원조합 지원 : 회원조합 인사업무 지원, 전국 수협 조합장 워크숍 개최, 회원조합 경영개선 지원
  ㉢ 도시어촌 교류촉진 : 도시 · 어촌 교류 지원, 어촌관광 활성화 지원
  ㉣ 외국인력 지원사업
  ㉤ 어선안전조업사업 : 안전조업지도, 어업인안전조업교육
  ㉥ 해양수산방송 운영
  ㉦ 어업 in수산 발간
  ㉧ 희망의 바다 만들기 운동 : 수산자원의 조성 · 회복관리, 바다환경의 유지 · 개선관리, 개발행위 저지 · 대응
  ㉨ 조사 · 연구

② 상호금융사업
- ㉠ 예금 : 금융환경에 발맞춰 고객의 다양한 성향과 상황을 반영하고 더 큰 혜택으로 돌려드리기 위해 일반 예금 뿐 아니라, 세금우대예탁금 등 세제혜택상품을 판매
- ㉡ 카드 : 효율적인 소비생활을 위해 신용카드, 체크카드, 기프트카드, 어업인의 어업용 면세유류구입 목적의 '면세유류 구매전용카드' 등 고객 맞춤형 카드 상품을 마련
- ㉢ 외환 : 높은 환율우대 서비스를 제공하는 수협 환전, 외국인 근로자 및 다문화 가정의 외국인이 고향으로 송금할 때 저렴한 송금수수료 적용
- ㉣ 대출 : 신속하고 정확한 대출서비스로 용도와 자격요건에 따라 다양한 상품 구비

③ 공제보험사업
- ㉠ 생명공제 : 저축성공제, 연금성공제, 보장성공제
- ㉡ 손해공제 : 화재공제, 기타공제

④ 정책보험사업
- ㉠ 어선원 및 어선 재해보상보험 : 「어선원 및 어선 재해보상보험법」에 따라 정부로부터 업무를 위탁받아 수협이 운영하는 정책보험으로써 어업과 관련된 각종 재해로 인한 피해를 보장 (어선원 재해보험, 어선 재해보험)
- ㉡ 양식수산물 재해보험 : 「농어업재해보험법」에 따라 수협이 보험사업자로 선정되어 운영하는 정책보험으로써 자연재해로 인한 양식수산물 및 양식시설물의 피해를 보장
- ㉢ 어업인 안전보험 : 「농어업인의 안전보험 및 안전재해예방에 관한 법률」에 의거 운용되는 정부 정책보험으로서, 어업작업으로 인하여 발생하는 부상, 질병, 장해, 사망 등의 재해를 보상

⑤ 경제사업
- ㉠ 이용가공 사업 : 신선한 수산물 유통에 필수적인 제빙·냉동·냉장사업과 상품의 부가가치 제고를 위한 가공 사업을 수행
- ㉡ 공판사업 : 어업인이 생산한 수산물을 소비지로 집결시켜 대량 유통시킴으로써 판로확보와 안정적 수산물 공급에 기여하는 사업
- ㉢ 수산물 가격지지 사업 : 어획물의 수급조절을 통한 어업인 수취가격 제고와 소비자 가격안정을 위해 정부비축사업과 수매 지원사업을 수행
- ㉣ 어업용 면세유류 공급사업 : 어업인들의 안정적 어업활동지원과 소득증진을 목적으로 면세유류공급 안정성확보, 경쟁입찰을 통한 저가구매, 면세유류 공급대상 확대 등을 지속적으로 추진
- ㉤ 어업용 기자재 및 선수물자 공급사업 : 연근해어선에 필요한 어선용 기관대체, 장비 개량 및 선외기 등 어업용 기자재와 로프, 어망 등 선수품을 저렴한 가격으로 공동구매해 공급

ⓑ 수협쇼핑 : 소비자가 온라인을 통해 다양한 수산물을 빠르고 안전하게 구매할 수 있는 식품 종합쇼핑몰
ⓢ 수협B2B : 온라인 비즈니스 시대에 적극 대응하고 수산물 유통구조 개선을 위해 기업 간 전자상거래를 지원하는 온라인 도매시장을 운영
ⓞ 군급식사업 : 군장병들에게 양질의 수산물을 공급함으로써 체력 향상은 물론 어업인 소득증대에 기여
ⓩ 단체급식 사업 : 수산물 소비촉진과 국민건강을 향상시키기 위해 전국 초·중·고등학교, 관공서 및 기업체 등의 단체급식 사업장에 양질의 수산물을 공급
ⓧ 노량진시장 현대화 사업 : 2007년부터 시장 현대화사업을 추진하여 2015년 건물을 완공하고 2016년 새롭게 개장
ⓚ 홈쇼핑사업 : 홈쇼핑 유통 채널을 통하여 중앙회 및 산지 회원조합, 중소 수산식품기업의 수산물 신규 판로개척과 대량 소비촉진으로 어업인 소득증대에 기여
ⓣ 무역사업 : 미주 및 호주, 캐나다, 중국, 동남아시아 등에 바다애찬 상품 및 수산식품을 수출하고 있으며, 무역지원센터 운영을 통해 한국 수산식품 홍보활동과 해외시장 개척에 노력

(3) 수협자회사

① **수협은행** … 고객지향적 서비스로 고객의 재정적 성공을 도움으로써 국민 경제 활성화에 기여하고 해양·수산업의 발전과 해양·수산인의 성공을 지원하며 해양·수산관계자 및 고객과의 동반성장을 통해 밝은 미래를 이끌어 나가는 역할을 하고 있다.

② **수협노량진수산** … 노량진수산시장은 수산물 유통업계의 혁신을 주도하고 생산자와 소비자를 함께 보호하는 법정 도매시장으로, 생산자 수취가격을 높이고 소비자에게는 저렴한 가격으로 먹거리를 공급함으로써 수산물의 안정적인 수급과 소비자물가 안정에 기여하고 있다.

③ **수협유통** … 1992년 수협중앙회가 100% 출자하여 설립한 수산물 유통 전문 회사이다. 수협유통에서는 "어업인에게 희망과 고객에게 믿음을"이라는 경영목표 아래 생산자에게는 유통 활로를, 소비자에게는 고품질의 수산물을 합리적인 가격에 제공한다는 목표를 실현하고자 한다.

④ **수협사료** … 수협중앙회와 양식 관련 수협이 공동출자하여 설립된 양어사료 전문 제조업체로서 연안오염 경감 및 양식어민의 소득증대를 위해 기여하고 있다.

⑤ **수협개발** ··· 시설물 관리, 근로자파견 및 수산물가공 도급사업 및 건설업 등의 차별화된 노하우와 전문성으로 최고의 서비스 제공을 목적으로 한다.

⑥ **위해수협국제무역유한공사** ··· 한·중 FTA체결에 따라 중국에 선도적으로 진출하여 세계의 생산공장에서 세계의 소비시장화 되고 있는 중국에 안전하고 우수한 국내 수산식품의 소비를 확대 하고자, 중국 현지법인을 개설하여 국산 수산물의 대중국 수출확대를 통한 수산업 경쟁력 강화 및 수산물 소비촉진에 기여하고 있다.

(4) 회원조합소개

① 수산인 104만 명

② 전국 91개 조합
  ㉠ 지구별 70개소, 업종별 19개소, 수산물가공조합 2개소
  ㉡ 조합원 158천 명

③ 어촌계 2,029개소

CHAPTER 02 채용안내

(1) 수협중앙회 인재상

Cooperation	협동+소통 : 협동과 소통으로 시너지를 창출하는 수협인 • 동료와 팀워크를 발휘하여 조직의 목표 달성에 기여하는 사람 • 다양한 배경과 생각을 가진 사람들과 의견을 조율하여 문제를 해결하는 사람
Creativity	창의+혁신 : 창의와 혁신으로 미래에 도전하는 수협인 • 번뜩이는 생각과 새로운 시각으로 변화하는 시대에 앞서 나가는 사람 • 유연한 자세로 변화를 추구하며 새로운 분야를 개척하는 사람
Consideration	친절+배려 : 친절과 배려로 어업인과 고객에 봉사하는 수협인 • 고객을 섬기는 따뜻한 가슴으로 고객 행복에 앞장서는 사람 • 상대방의 입장에서 생각하고 행동하는 너그러운 마음을 품은 사람

(2) 전국수협 일괄공개채용 안내

① 응시자격

　㉠ 학력 : 제한 없음

　※ 졸업예정자 자격으로 지원하였으나 25.2월까지 졸업이 불가한 경우 합격 취소

　㉡ 연령 : 제한 없음

　㉢ 기타

　　• 우리 수협 인사규정상 채용결격사유에 해당하지 않는 자

　　• 우리 수협 업무 관련 자격증 소지자 우대

　　• 취업지원대상자, 장애인은 관련법령에 의해 가점 등 부여

② 전형방법

　㉠ 서류전형 : 입사지원은 채용 홈페이지 On-line으로만 접수(입사지원서 등을 고려 채용예정인원의 각 수협별 배수 내외 선발)

ⓒ **필기고시**
- 과목 : 필수(인·적성검사), 선택[민법(친족·상속편 제외), 회계학(원가관리회계, 세무회계 제외), 경영학(회계학 제외), 수협법(시행령, 시행규칙 포함), 상법경제 중 택일]
- 배점 : 인·적성검사(30%), 선택과목(70%)
- 필기고시 고득점자 순으로 채용예정인원의 수협별 배수 내 선발하며 각 과목별 과락(40점 미만)시 불합격 처리
- 인성검사 성적은 제외하나, "부적합"의 경우 불합격 처리

ⓒ **면접전형** : 인성면접, 실무면접 등

ⓔ **최종합격** : 면접점수 고득점자 순으로 최종합격자 결정(선발자 중 신체검사 합격자에 한하여 임용)

③ 응시자 유의사항
㉠ 조합별 중복 입사지원은 불가능하다.
㉡ 적격자가 없는 경우 선발하지 않을 수 있다.
㉢ 입사지원서 기재 착오, 필수사항 및 요건 누락 등으로 인한 불이익은 본인 부담이며, 주요기재사항이 제출서류와 일치하지 않을 경우 합격 또는 입사를 취소할 수 있다.
㉣ 최종합격자는 반드시 본인이 임용등록 서류 제출일에 참석하여 등록을 마쳐야 하며 기한 내에 임용등록을 하지 않을 경우 임용 의사가 없는 것으로 간주한다.
㉤ 면접전형 시 제출한 서류는 채용절차의 공정화에 관한 법률 제11조에 따라 최종합격자 발표 후 14일 이내 반환 청구가 가능하다.
㉥ 우리 수협 인사규정상 임용 후 전보 및 순환보직 가능하다.
㉦ 채용 관련 문의는 채용게시판 내 Q&A 이용 또는 지원하신 수협 총무과로 연락하면 된다.

- **01** 경영학 일반
- **02** 조직행위
- **03** 생산관리
- **04** 마케팅관리
- **05** 재무관리

PART **02**

경영학

CHAPTER 01

경영학 일반

1 다음 마이클 포터의 본원적 경쟁전략 관한 설명에 해당하는 것은?

> 소비자들이 가치가 있다고 판단하는 요소를 제품 및 서비스 등에 반영해서 경쟁사의 제품과 차별화한 후 소비자들의 충성도를 확보하고, 이를 통해 가격 프리미엄 또는 매출증대를 꾀하고자 하는 전략

① 원가우위전략
② 집중화전략
③ 기술고도화전략
④ 차별화전략
⑤ 전문화전략

해설 차별화전략에 관한 설명이다.
- 원가우위 전략 : 비용요소를 철저하게 통제하고 기업조직의 가치사슬을 최대한 효율적으로 구사하는 전략이다.
- 집중화전략 : 메인 시장과는 다른 특성을 지니는 틈새시장을 대상으로 해서 소비자들의 니즈를 원가우위 또는 차별화 전략을 통해 충족시켜 나가는 전략이다. 또한 경쟁자와 전면적 경쟁이 불리한 기업이나 보유하고 있는 자원 또는 역량이 부족한 기업에게 적합한 전략이다.

2 다국적기업은 글로벌 전략 수립에 있어 글로벌화(세계화)와 현지화의 상반된 압력에 직면하게 된다. 다음 중 현지화의 필요성을 증대시키는 요인은?

① 유통경로의 국가별 차이 증가
② 규모의 경제 중요성 증가
③ 소비자 수요 동질화
④ 무역장벽 붕괴
⑤ 미디어의 발달

해설 ① 유통경로의 국가별 차이가 증가할 경우 각 국가의 유통경로에 적합하도록 현지화의 필요성이 증대된다.
②③④⑤는 글로벌화의 필요성을 증대시키는 요인이다.

3 〈보기〉의 경영이론에 대한 설명 중 옳은 것을 모두 고른 것은?

〈보기〉
㉠ 테일러(Taylor)의 과학적 관리이론에서 과업관리 목표는 '높은 임금과 높은 노무비의 원리'이다.
㉡ 포드 시스템(Ford system)은 생산의 표준화를 전제로 한다.
㉢ 페이욜(Fayol)의 관리이론 중 생산, 제작, 가공활동은 관리활동에 해당한다.
㉣ 메이요(Mayo)의 호손연구(Hawthorne Studies)에 의하면 화폐적 자극은 생산성에 영향을 미치지 않는다.

① ㉠, ㉡
② ㉠, ㉣
③ ㉡, ㉢
④ ㉡, ㉣
⑤ ㉠, ㉢

> **해설** ㉠ 테일러는 과학적 관리이론에서 노동자에게는 높은 임금을, 자본가에게는 높은 이윤을 제공하고자 '고임금, 저노무비의 원리'를 제시하였다.
> ㉢ 관리활동은 계획, 조직, 지휘, 조정, 통제이다. 생산, 제작, 가공은 기술 활동에 해당한다.

4 SWOT 분석에 대한 다음의 설명 중 옳은 것을 모두 고르시오.

㉠ 문장을 상세하게 기술하여 이해가 쉽도록 해야 한다.
㉡ 조직 내외부의 면들을 동시에 판단할 수 있다.
㉢ SO전략에는 안전성장, 다양화 전략이 해당한다.
㉣ WO전략에는 우회, 방향전환, 개발 전략이 해당한다.

① ㉠, ㉡
② ㉠, ㉢
③ ㉡, ㉢
④ ㉡, ㉣
⑤ ㉢, ㉣

> **해설** ㉠ 문장을 짧고 명료하게 나타내어 한 눈에 쉽게 분석이 가능하도록 기술해야 한다.
> ㉢ 안전성장, 다양화는 ST전략에 해당한다.

Answer 1.④ 2.① 3.④ 4.④

5 다음의 사례로 미루어 보아 CJ 오쇼핑이 제공하는 서비스와 가장 관련성이 높은 사항을 고르면?

> 스마트폰으로 팔고 싶은 물품의 사진이나 동영상을 인터넷에 올려 당사자끼리 직접 거래할 수 있는 모바일 오픈 마켓 서비스가 등장했다.
> CJ 오쇼핑은 수수료를 받지 않고 개인 간 물품거래를 제공하는 스마트폰 애플리케이션 '오늘 마켓'을 서비스한다고 14일 밝혔다.
> 기존의 오픈 마켓은 개인이 물건을 팔려면 사진을 찍어 PC로 옮기고, 인터넷 카페나 쇼핑몰에 판매자 등록을 한 뒤 사진을 올리는 복잡한 과정을 거쳐야 했다면, 오늘마켓은 판매자가 휴대전화로 사진이나 동영상을 찍어 앱으로 바로 등록할 수 있고 전화나 문자메시지, e메일, 트위터 등 연락 방법을 다양하게 설정할 수 있다. 구매자는 상품 등록시간이나 인기 순으로 상품을 검색할 수 있고 위치 기반 서비스(LBS)를 바탕으로 자신의 위치와 가까운 곳에 있는 판매자의 상품만 선택해 볼 수도 있다. IOS용으로 우선 제공되며 Android용은 상반기 안으로 서비스될 예정이다.

① 정부에서 필요로 하는 조달 물품을 구입할 시에 흔히 사용하는 입찰방식이다.
② 소비자와 소비자 간 물건 등을 매매할 수 있는 형태이다.
③ 홈뱅킹, 방송, 여행 및 각종 예약 등에 활용되는 형태이다.
④ 정보의 제공, 정부문서의 발급, 홍보 등에 주로 활용되는 형태이다.
⑤ 원재료 및 부품 등의 구매 및 판매, 전자문서교환을 통한 문서발주 등에 많이 활용되는 형태이다.

✔ **해설** C2C(Customer to Customer)는 인터넷을 통한 직거래 또는 물물교환, 경매 등에서 특히 많이 활용되는 전자상거래 방식이다. "수수료를 받지 않고 개인 간 물품거래를 제공하는 스마트폰 애플리케이션 '오늘 마켓'을 서비스 한다"는 구절을 보면 알 수 있다.

6 아래의 그림과 같은 커뮤니케이션 네트워크 유형에 대한 설명으로 가장 바르지 않은 것은?

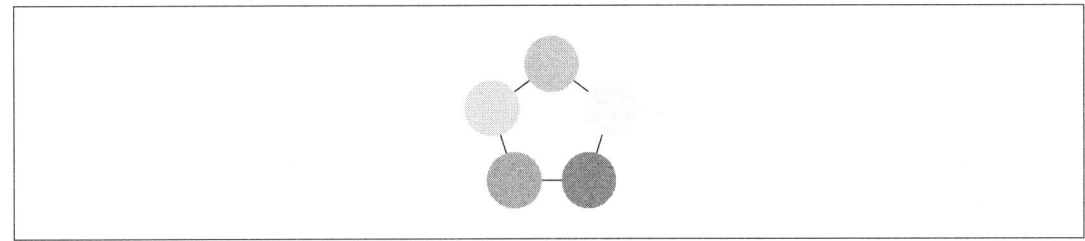

① 문제해결 속도는 느린 편에 속한다.
② 단순한 문제일 경우 높은 정확성을 보이지만, 문제가 복잡해질수록 정확성이 낮아진다.
③ 구성원들의 만족감은 대체적으로 높은 편이다.
④ 리더 등장 가능성이 없다.
⑤ 집단 구성원 간에 뚜렷한 서열이 없는 경우에 나타나는 형태이다.

> ✔ 해설 제시된 네트워크 유형은 원형으로, 문제의 성격과 상관없이 정확성이 낮다.

7 앤소프의 성장 벡터에 대한 설명으로 옳지 않은 것은?

① 시장개발의 경우 시장침투보다 위험이 큰 전략이므로, 신제품의 개발보다는 기존 제품으로 시장점유율을 우선 확보해야 한다.
② 신시장, 신제품의 경우 위험도가 가장 높으므로 다각화 전략이 필요하다.
③ 제품개발 전략의 경우 브랜드에 대한 고객의 충성도가 높은 경우 유리하다.
④ 기존시장에 기존 제품을 판매하는 것은 시장침투 전략에 해당한다.
⑤ 제품개발, 시장침투, 기장개발 등의 전략을 확대전략으로 파악하고, 다각화를 이와 대비되는 전략으로 보았다.

> ✔ 해설 시장개발의 경우 새로운 시장에 기존제품으로 진입할 때 사용하는 전략이다. 따라서 신제품 개발에 혁신과 차별화를 두어야 한다.

Answer 5.② 6.② 7.①

8 아래의 사례는 가치사슬 전반에 걸쳐 있는 정보의 흐름을 관리하는 정보시스템을 도입하여 성공한 사례를 발췌한 내용이다. 아래의 사례를 참조하여 해당 기업이 경쟁력을 확보하기 위해 선택한 정보시스템으로 가장 적절한 것을 고르면?

> 월마트와 P&G는 경쟁우위를 달성하기 위해 전략적 제휴와 동시에 정보기술을 도입하여 성공적인 결과를 낳고 있다. 월마트 고객이 P&G 제품을 구매하면, 이 시스템은 P&G 공장으로 정보를 보내고, P&G는 제품 재고를 조정한다. 이 시스템은 또한 월마트 유통센터에서 P&G의 재고가 일정 수준 이하가 되면 자동으로 발주를 하도록 되어있다.
>
> P&G는 이러한 실시간 정보를 이용하여 창고의 재고를 낮추면서 월마트의 요구사항을 효과적으로 충족시켜, 시스템을 통해 시간을 절약하고 재고를 줄이며 주문처리 비용의 부담을 줄일 수 있었고, 월마트도 제품을 할인된 가격으로 납품받을 수 있게 되었다.

① Enterprise Resource Planning
② Decision Support System
③ Supply Chain Management
④ Customer Relationship Management
⑤ Business Intelligence

> **해설** 공급사슬관리(Supply Chain Management)는 이제까지 부문마다의 최적화, 기업마다의 최적화에 머물렀던 정보·물류·자금에 관련된 업무의 흐름을 공급사슬 전체의 관점에서 재검토하여 정보의 공유화와 비즈니스 프로세스의 근본적인 변혁을 꾀하여 공급사슬 전체의 자금흐름(cash flow)의 효율을 향상시키려는 관리개념이다.

9 Quick Response는 조기발주 및 납품 등을 목적으로 하는 시스템으로써 소매업에 있어서 판매정보를 제조업 및 도매업에 전달하고, 그 상품의 추가 폴로를 조기에 행한다. 각 점포, 지역으로의 대응이 빠르게 이루어져 낭비가 생략된다는 이점을 지니고 있다. 이 때 아래의 내용 중 Quick Response에 관한 내용으로 옳은 것만을 바르게 모두 묶은 것을 고르면?

> ㉠ 서로 떨어져 있는 기업과 부서간의 물류정보가 실시간으로 전달된다.
> ㉡ 시장수요에 신속하게 대응하여 기업경쟁력을 향상시킨다.
> ㉢ 공급사슬에서 재고를 쌓이게 하는 요소를 제거한다.
> ㉣ 품질을 증가시킬 수 있는 정보를 조기에 획득할 수 있다.
> ㉤ QR을 사용함으로써 누적 리드타임이 감소하게 된다.
> ㉥ 고객요구에 대한 반응시간을 길게 만드는 요인을 제거한다.

① ㉠, ㉡, ㉢, ㉣
② ㉠, ㉡, ㉤, ㉥
③ ㉡, ㉢, ㉤, ㉥
④ ㉡, ㉢, ㉣, ㉤
⑤ ㉢, ㉣, ㉤, ㉥

✔ 해설 신속대응시스템(QR ; quick response)은 소비자 위주의 시장 환경 하에서 신속히 대응하기 위한 시스템으로 생산에서 유통까지 표준화된 전자거래체제를 구축하고 기업과의 정보공유를 통해, 원료조달로부터 최종제품에 이르기까지 납기 단축과 재고의 감소, 상품기획과 소재기획의 연계 등을 계산하여 가격의 인하, 국내 생산거점의 유지를 도모하고자 하는 유통구조 개혁의 하나이다. QR 시스템은 상품을 공급함에 있어서 소비자들이 원하는 시간에 맞추어 공급하고, 불필요한 재고를 없애서 비용을 감소시키는 것을 원칙으로 한다.

Answer 8.③ 9.③

10 아래의 내용을 주장한 학자와 그에 대한 설명으로 옳은 것은?

> ㉠ 안정적이면서 명확한 권한계층
> ㉡ 태도 및 대인관계의 비개인성
> ㉢ 과업전문화에 기반한 체계적인 노동의 분화
> ㉣ 규제 및 표준화된 운용절차의 일관된 시스템

① 메이요 - 호손실험으로 인간에 대한 관심을 높이는 계기를 마련하였다.
② 테일러 - 기계적, 폐쇄적 조직관 및 경제적 인간관이라는 가정을 기반으로 과학적 관리론을 제시하였다.
③ 페이욜 - 기업조직의 전체적인 관리의 측면에서 관리원칙을 주장하였다.
④ 막스 베버 - 권한구조에 대한 이론에 기반을 둔 관료제 이론을 제시하였다.
⑤ 민츠버그 - 기업경영조직의 형태를 단순구조, 기계적 관료제, 전문적 관료제, 사업부제, 애드호크라시로 구분하였다.

> ✔해설 위의 내용은 막스 베버의 관료제 특성 중 일부이다.
> ※ 막스 베버의 관료제 특성
> ㉠ 안정적이면서 명확한 권한계층
> ㉡ 태도 및 대인관계의 비개인성
> ㉢ 과업전문화에 기반한 체계적인 노동의 분화
> ㉣ 규제 및 표준화된 운용절차의 일관된 시스템
> ㉤ 관리 스태프진은 생산수단의 소유자가 아님
> ㉥ 문서로 된 규칙, 의사결정, 광범위한 파일
> ㉦ 기술적인 능력에 의한 승진을 기반으로 평생의 경력관리

11 (가)와 (나)에 들어갈 이론을 바르게 짝지은 것은?

(가)	(나)
• 철저한 능률위주의 관리이론 • 작업량에 따라 임금을 결정 • 작업별 표준작업시간을 설정	• 기업조직 전체의 관리원칙을 주장 • 경영의 기능을 6가지로 설명 • 관리 5요소 : 계획, 조직, 명령, 조정, 통제

	(가)	(나)
①	과학적 관리론	관리일반원칙
②	포드 시스템	인간관계론
③	관리일반원칙	관료제 이론
④	포드 시스템	과학적 관리론
⑤	과학적 관리론	포드 시스템

 해설   (가)는 테일러의 과학적 관리론, (나)는 페이욜의 관리일반원칙에 대한 내용이다.
         (가) 테일러는 과학적 관리론을 통해 시간연구, 성과급제, 계획과 작업의 분리, 과학적 작업, 경영통제, 직능적 관리를 주장하였다.
         (나) 페이욜은 경영활동을 6가지로, 관리활동을 5가지로, 그에 따른 관리 활동의 일반적 규칙을 14가지로 제시했다.

12 다음의 내용은 기업결합의 유형 중 어느 것에 대한 것인가?

> 생산은 독립성을 유지, 판매는 공동판매회사를 통해 이루어진다.

① 카르텔(Kartell)
② 트러스트(Trust)
③ 콤비나트(Kombinat)
④ 신디케이트(Syndicate)
⑤ 콘체른(Concern)

✔ 해설 　신디케이트(Syndicate)에 대한 설명이다.
　　※ 기업결합의 유형

카르텔	법률적, 경제적으로 독립성을 유지하며 협약에 의해 결합하며, 상호경쟁을 제한하면서 시장통제를 목적으로 한다.
신디케이트	동일 시장 내 여러 기업이 출자해서 공동판매회사를 설립, 이를 일원적으로 판매하는 조직을 의미한다.
트러스트	시장독점을 위해 각 기업체가 개개의 독립성을 상실하고 합동한다.
콤비나트	다각적인 결합 공장이란 뜻으로, 기술적 측면에서 유기적으로 결합된 다수기업의 집단을 의미한다.
컨글로머릿	이종기업 간의 다각적 결합을 의미하는데, 대게 기존 기업의 주식을 매입하여 형성된다.
콘체른	수 개의 기업이 법률적으로 형식상 독립성을 유지하면서 주식의 소유, 자본의 대부와 같은 금융관계를 통해 결합하는 형태이다.

13 BCG(Boston Consulting Group) 매트릭스에 대한 설명으로 옳은 것으로만 묶은 것은?

> ㉠ 시장성장률이 높다는 것은 그 시장에 속한 사업부의 매력도가 높다는 것을 의미한다.
> ㉡ 매트릭스 상에서 원의 크기는 전체 시장규모를 의미한다.
> ㉢ 유망한 신규사업에 대한 투자재원으로 활용되는 사업부는 현금젖소(Cash Cow) 사업으로 분류된다.
> ㉣ 상대적 시장점유율은 시장리더기업의 경우 항상 1.0이 넘으며 나머지 기업은 1.0이 되지 않는다.

① ㉠, ㉡
② ㉠, ㉢
③ ㉡, ㉣
④ ㉢, ㉣
⑤ ㉡, ㉢

 해설 ㉠ BCG 매트릭스는 각 사업부의 시장성장률과 상대적 시장점유율을 기준으로 경쟁사 대비 성과를 계산해 4분위면에 표시하는 방법이다. 시장성장률은 사업부가 위치한 산업의 성장이 고성장인지 저성장인지를 가려낸다. BCG 매트릭스의 변형인 GE 매트릭스는 시장성장률과 시장점유율 대신 시장매력도와 기업의 강점을 기준으로 사업부의 경쟁적 위치를 파악한다.
㉡ 매트릭스 상에서 원의 크기는 매출액 규모를 의미한다.

14 파스칼&피터스의 7S 모형에 대한 설명으로 옳지 않은 것은?

① 7S는 공유가치, 구조, 제도, 전략, 구성원, 기술, 복지를 의미한다.
② 전략은 조직의 장기적 목표를 결정한다.
③ 조직의 유효성이 높아지기 위해서는 요소 간 연결성이 높아야 한다.
④ 공유가치는 조직문화형성에 가장 중요한 영향을 미친다.
⑤ 각 요소 간 상호연결성이 높을수록 조직문화는 뚜렷하다.

해설 파스칼(Pascale)&피터스(Peters)의 7S
㉠ 공유가치(Shared Value) : 구성원들이 공유하고 있는 핵심가치, 조직문화의 형성에 가장 중요한 영향
㉡ 구조(Structure) : 전략 수행에 필요한 틀, 구성원의 역할과 그들의 관계를 지배하는 공식적인 요소
㉢ 제도(System) : 의사결정의 틀, 경영관리제도·절차
㉣ 전략(Strategy) : 중·장기적인 계획과 자원배분과정, 조직의 장기적 목표와 방향을 결정
㉤ 구성원(Staff) : 구성원의 기술, 역량, 기술, 전문성, 욕구 등, 조직문화 형성의 주체
㉥ 기술(Skill) : 생산 및 정보처리과정, 기업경영에서 사용되는 각종 기법
㉦ 리더십스타일(Style) : 관리자가 구성원의 행동에 영향력을 행사하는 방법

15 매슬로우의 욕구이론단계의 각 단계별 설명 중 옳지 않은 것은?

① 생리적 욕구 : 의식주와 같이 인간에게 있어서 가장 기본적이고 저차원적인 욕구
② 안전 욕구 : 복리후생제도 등 신체적 안전, 심리적 안정을 위한 욕구
③ 소속감 욕구 : 타인으로부터의 인정 등 사회적 인간으로서의 욕구
④ 존경의 욕구 : 자신의 존중, 타인의 존경을 필요로 하는 자신감, 권력욕 등의 욕구
⑤ 자아실현의 욕구 : 자기 본래의 모습 또는 삶의 의미를 찾는 등 자기완성에 대한 욕구

> ✔해설 타인으로부터의 인정은 4단계, 존경 욕구에 해당한다. 소속감 욕구는 집단의 소속, 타인과의 관계 형성 등을 말한다.

16 기업의 형태에 대한 각 설명 중 옳지 않은 것은?

① 합명회사 : 무한책임사원은 회사에 출자를 해야 하고, 지분 양도 시에 다른 사원의 동의가 필요하여 회사 자본의 유출을 방지할 수 있다.
② 합자회사 : 유한책임사원과 무한책임사원이 혼합되어 있는 회사로, 전자는 업무집행, 후자는 감시의 역할을 맡는다.
③ 주식회사 : 소유는 주주, 경영은 이사가 하는 소유와 경영이 분리된 형태로, 주주총회, 이사회, 감사 등이 특징이다.
④ 유한책임회사 : 1인 이상의 유한책임사원으로만 구성되어 있으며, 회사를 대표하는 업무집행자를 선정하여 회사를 운영한다.
⑤ 유한회사 : 주식회사에 비해 설립 절차가 비교적 간단하지만, 사채발행이 불가능하기 때문에 투자 유치 또는 대규모의 자본 조달이 어려운 편이다.

> ✔해설 합자회사의 경영은 무한책임사원들, 투자자로서 감시활동은 유한책임사원이 한다.

17 아래의 기사를 읽고 글상자에 제시된 회의방식에 관련한 설명으로 가장 옳지 않은 것을 고르면?

> 　정선군이 공직자들의 소통과 협업을 위한 브레인스토밍 실무회의를 지속적으로 개최해 큰 성과를 거두고 있다.
> 　정선군에 따르면 각 부서별 실무자들을 대상으로 브레인스토밍 실무회의를 지속 개최해 지역의 현안으로 대두되고 있는 공공도서관을 비롯한 기록관, 행정지원센터(가칭) 설치 등 다양한 사업에 대해 해결방안을 모색하고 있다.
> 　이에 앞서 지난해 5차례에 걸쳐 내부소통 실무회의를 열어 당초예산 편성 관련 주요 현안사항을 잡음 없이 처리했고, 의료복합단지 조성사업을 비롯한 군립병원 장례식장 운영, 성장촉진지역 재지정 대응전략 마련 등에 대한 대응전략을 마련해 왔다.
> 　그 결과 지난달 국가균형발전특별법에 따른 성장촉진지역으로 군이 재지정되는 성과를 거두며 앞으로 5년간 2,100억 원 상당의 국비 지원 사업에 응모할 수 있는 자격을 갖추게 됐다.
> 　최도헌 정선군 기획실장은 "소통과 토론의 조직문화를 확산해 군정 현안의 합리적인 방향 설정의 교두보 역할을 할 수 있도록 적극 활용해 나갈 것"이라고 말했다.

① 한 사람보다 다수인 쪽이 제기되는 아이디어가 많다.
② 아이디어의 양은 최대한 적게 제시되어야 하는 것이 관건이다.
③ 통상적으로 아이디어는 비판이 가해지지 않으면 많아지게 된다.
④ 엉뚱한 주장이나 비논리적인 답변 및 타당하지 않은 해결책 모두를 환영한다.
⑤ 회의에는 리더를 두고, 구성원 수의 경우에는 대략 10명 내외를 한도로 한다.

> **해설** 위 내용의 회의방식은 브레인스토밍 방식을 언급하고 있다. 브레인스토밍은 주어진 주제에 관해 회의형식을 채택하고, 구성원들의 자유발언을 통한 아이디어의 제시를 요구하여 발상을 찾아내려는 방법을 의미한다. 그러므로 가능한 한 많은 양의 아이디어를 모아 그 속에서 해결책을 찾는 방법이며 자유로이 제시되는 아이디어의 발상이므로 질보다 양이 더 중요하다.

Answer 15.③ 16.② 17.②

18 다음 중 호퍼와 센델이 분류한 전략개념의 구성요소에 해당하지 않는 것은?

① 자원전개
② 제품 및 시장분야
③ 영역
④ 시너지
⑤ 경쟁우위성

✔해설 ②번은 앤소프의 전략개념의 구성요소에 속하는 내용이다.

19 다음 중 정형적 의사결정 및 비정형적 의사결정에 대한 비교설명으로 바르지 않은 것은?

① 정형적인 의사결정은 보편적이며 일상적인 상황의 성격을 띠는 반면에 비정형적인 의사결정은 특수하면서도 비일상적인 상황의 성격을 지니고 있는 의사결정이다.
② 정형적인 의사결정은 문제에 따른 해결안이 조직의 정책이나 절차 등에 의해서 사전에 명시되는 반면에, 비정형적인 의사결정에서는 문제가 주어진 후에 해결안을 창의적으로 결정해 나가야 한다.
③ 정형적인 의사결정은 주로 고위층이 하게 되며, 비정형적인 의사결정은 주로 하위층이 하게 된다.
④ 정형적인 의사결정은 관리적이면서 업무적인 의사결정이며, 비정형적인 의사결정은 전략적인 의사결정의 형태를 띤다.
⑤ 정형적인 의사결정은 시장이나 기술 등이 안정적이면서 일상적이고 구조화된 문제해결이 많은 조직에 적용되며, 비정형적인 의사결정은 구조화되어 있지 않으며 결정사항 등이 비일상적이면서 복잡한 조직에 적용되는 형태이다.

✔해설 구조화된 업무에서의 의사결정 (정형화된 의사결정)은 주로 하위층에서 다루게 되며, 복잡다단한 경영환경 (비정형화된 의사결정)은 주로 고위층에서 다루게 된다.

20 다음의 글의 밑줄 친 부분에 관한 사항으로 옳지 않은 것은?

> 포드의 생산전략은 제품의 표준화, 부품 등의 호환성 제고, 이를 가능하게 하는 부품의 집중생산 및 컨베이어 시스템을 활용한 흐름작업화 등을 말한다. 포드 시스템에서 포드의 경영신념은 "최저 생산비로 사회에 봉사한다."는 것으로 최저생산비를 실현해 소비자들에게는 튼튼하고 좋은 자동차를 싼 가격으로 제공하고 종업원에게는 보다 높은 임금을 지불하도록 하였다. 이 같이 경영 이념에 입각해 그는 T형 자동차의 이동조립방식과 생산의 표준화로서 자동차의 판매가격을 계속적으로 인하하였으며, 1914년에는 '5불 선언'을 통해 종업원들의 임금을 2배 이상으로 지급하였다.

① 포드 시스템은 연속생산에 있어서의 능률 및 생산성의 향상, 관리의 합리화 등에 초점을 맞추고 있다.
② 포드 시스템을 구성하고 있는 요소인 이동조립법은 작업 공정의 순서로 배치된 작업자 앞을 재료가 컨테이너에 실려서 규칙적으로 지나가게 되며, 각 작업자는 고정된 장소에서 일정한 리듬을 타고 작업하게 되는 생산시스템이다.
③ 포드가 주장한 3S는 표준화(Standardization), 단순화(Simplification), 전문화(Specialization)이다.
④ 포드 시스템의 비판으로는 인간의 기계적 종속화, 동시작업 시스템의 문제, 노동착취의 원인 제공 등이라는 내용이 담겨져 있다.
⑤ 포드의 생산전략은 축소전략의 특성을 지니고 있다.

✔ 해설 포드의 생산전략은 확대전략(Expansion Strategy)의 특성을 지니고 있다.

21 다음 중 페이욜의 관리 5요소에 해당하지 않는 것은?

① 결과
② 명령
③ 계획
④ 조정
⑤ 통제

✔ 해설 페이욜의 관리 5요소
㉠ 계획
㉡ 조직
㉢ 명령
㉣ 조정
㉤ 통제

Answer 18.② 19.③ 20.⑤ 21.①

22 다음의 기사를 읽고 문맥 상 괄호 안에 들어갈 말로 가장 적절한 것을 고르면?

> 뮤지컬 〈파리넬리〉는 1994년 작품인 영화 〈파리넬리〉와 기본 플롯이 유사하다. 두 작품 모두 실존 인물을 배경으로 하고 있기에, 다소 변주는 있으나 역사적으로 확인된 사실 자체를 거스르는 부분은 별로 없다. 뮤지컬과 영화 모두 자신의 의사와 관계없이 카스트라토가 된 카를로 브로스키가 주인공이며, 음악적으로 뛰어나지 않은 자신을 한탄하며 동생의 그림자에 숨어 사는 리카르도가 나온다. 주체는 다르지만 헨델의 악보를 훔치는 장면도 나오고, 헨델의 오페라 〈리날도〉의 '울게 하소서'를 파리넬리가 부르는 부분이 등장한다. 심지어 형을 떠나 스페인으로 향한 카를로를, 리카르도가 찾아가는 부분 역시 비슷하다. 하지만 거기까지다. 우선 주변인물들이 다르다. 영화 〈파리넬리〉에서는 카를로를 위해 헌신하는 여성 알렉산드로가 등장하지만 뮤지컬에서는 아예 빠졌다. 대신 남장여자 안젤로라는 창작 인물이 투입됐다. 실존 인물이자 영화에서 중요한 역할을 하는 포포라는 뮤지컬에서 제외됐다. 대신 흥행사 래리펀치는 뮤지컬에만 등장하는 창작인물이다. 헨델의 성격도 완전히 다르다. 영국에서 왕립 오페라단을 위한 작품을 썼던 헨델은, 우수한 음악적 재능을 가지고 있다는 점에서 두 작품 모두 동일하다. 그러나 영화 속에서는 실제 역사와 유사하게 파리넬리와 갈등하는 인물로 그려진다. 반면 뮤지컬에서는 안젤로의 든든한 후원인으로 나오는 대신, 파리넬리와 직접 대립하는 부분은 없다. 무엇보다도 스토리의 포인트가 다르다. 자신의 의사를 거스른 '거세'를 바라보는 관점이 다르다. 영화에서의 거세는 '욕망의 거세'였다. 때문에 영화 속 파리넬리는 끊임없이 자신의 이룰 수 없는 욕망을 탐닉한다. 여자를 안고 싶으나 안지 못하고, 아이를 갖고 싶으나 갖지 못한다. 그러나 뮤지컬에서 거세된 욕망은 조금 다르다. 뮤지컬 〈파리넬리〉에서 주인공은 가정을 이루고 싶다는 욕망은 가지고 있으나, 무엇보다 더 큰 욕망은 (   )이다. 화려한 기교로 겉치장만 있는 음악이 아니라, 진정성 있는 노래를 부르고 싶어 한다. 영화에서도 음악에 대한 갈등이 나오지만 보다 비중 있게 처리되는 부분은 사랑에 대한 욕구다. 뮤지컬에도 사랑에 대한 욕망이 표출되지만, 이는 리비도가 아니다. 나만의 노래를 부르고 싶어 하는, 자기 자신으로 존재하고 싶어 하는 파리넬리의 삶을 더 집중적으로 조명한다.

① 사회적 소속감의 욕구 ② 안전의 욕구
③ 존경의 욕구 ④ 자아실현의 욕구
⑤ 생리적 욕구

> **✓ 해설** 박스 안의 괄호에 들어갈 말은 매슬로우의 욕구단계설 중에서 5단계 욕구로 자아실현 욕구(Self-Actualization Needs)인데 이는 인간이 성장, 자아실현 등을 통해서 자신의 잠재 가능성을 실현하려는 욕구를 의미한다. '뮤지컬 〈파리넬리〉에서 주인공은 가정을 이루고 싶다는 욕망은 가지고 있으나, 무엇보다 더 큰 욕망은 ~ 화려한 기교로 겉치장만 있는 음악이 아니라, 진정성 있는 노래를 부르고 싶어 한다.'에서 주인공은 성장 및 자아실현을 통해 자신의 내재되어 있는 욕망을 이루고 싶어 하는 것에서 알 수 있다.

23 아래의 내용을 읽고 이에 대한 설명을 한 것으로 옳지 않은 것은?

> ㉠ 테일러는 '과학적 관리론'의 시조로서 산업관리에 대한 그의 이론은 사실상 근대산업의 발전에 막대한 영향을 미쳤다. 1875년 필라델피아에 있던 엔터프라이즈 유압공장에 견습공으로 들어가 모형제작일과 기계공 작업을 배웠다. 3년 후 미드베일제강회사에 입사한 그는 기계공장 노동자로 출발하여 주임기사 자리에까지 올랐다. 1881년 25세의 그는 미드베일 공장에 시간동작연구를 도입했다. 이 연구계획의 성공으로 시간동작연구가 전문적인 연구 분야로 확립되었으며, 테일러 경영학 이론의 기초가 되었다. 그 이론은 본질적으로 개별 작업자를 주의 깊게 감독함과 동시에 조업 중 발생하는 시간과 동작의 낭비를 줄임으로써, 작업장이나 공장에서 생산성을 향상시킬 수 있음을 제시한 것이었다. 이러한 테일러의 경영체계가 극단적으로 실행되자 노동자들이 항의와 분노를 일으켰지만, 이 이론이 대량생산기술의 발전에 미친 영향력은 매우 컸다.
>
> ㉡ 인간관계론이 독자적인 학파로 인정을 받게 된 것은 1920년대에 있었던 미국의 엘튼 메이요(Elton Mayor)의 호손(Hawthorne)공장에서 행한 실험 이후의 일이다. 그 후 1940년대에 있었고, 우리 학계에 그다지 알려지지 않았으나 레빈(Kurt Lewin) 등이 행한 세 가지 실험을 통하여 인간관계론은 조직이론에 있어서 새로운 계보를 형성하기에 이르렀다. 또한, 인간행위는 외적인 여건에 의하여 결정되기도 하지만, 근본적으로는 내부적인 요소에 의하여 결정된다는 것이다. 인간관계론에 관한 중요한 실험 실험은 1927년에 시작해서 1932년에 끝난 호손 실험을 들 수 있다. 이 실험은 메이요 교수가 이끄는 대학의 연구팀이 생산 공장에 들어가 인간의 행태를 실험적으로 분석할 수 있었다는 점이다. 또한 리피트(R. Lippit), 화이트(Ralph White), 레빈 등 세 사람에 의하여 이루어진 리더십 유형에 관한 연구와 1940년대 초에 레윈이 여자적십자회원을 대상으로 행한 연구, 그리고 코크(Lester Coch)와 프렌치(John R. P. French, Jr)가 잠옷을 만드는 공장에서 일하는 여직공들을 대상으로 행한 실험 등이 그 중요한 것이다.

① ㉠의 경우에는 기업 조직에 있어 기획과 실행의 분리를 기본으로 한다.
② ㉠은 인간의 신체를 기계처럼 생각하고 취급하는 철저한 능률위주의 관리이론이다.
③ ㉠은 사회적 인간관이라는 가정을 기반으로 하고 있다.
④ ㉡에서 종업원 개개인의 감정 및 태도를 결정하는 것은 사회적 환경, 개인적 환경이나 종업원이 속한 비공식적조직의 힘 등이다.
⑤ ㉡의 경우에는 기업 조직 내의 비공식조직이 공식조직에 비해서 생산성 향상에 있어 주요한 역할을 한다.

> **✔해설** ㉠은 테일러의 과학적 관리론에 관한 내용으로 기계적·폐쇄적 조직관 및 경제적 인간관이라는 가정을 기반으로, 기업 조직의 기술주의 사고방식을 뿌리내리게 하고 이를 확대 적용시킴으로서 권위주의적인 조직관으로의 이행을 촉진시켰다는 비판을 받고 있다.

24 다음 중 마이클 포터(M. E. Porter)의 경쟁전략 5요소에 해당하지 않는 것은?

① 구매자
② 대체품
③ 공급자
④ 산업 내 경쟁자
⑤ 중간상

> **✔ 해설** 마이클 포터(M. E. Porter)의 경쟁전략 5요소
> ㉠ 구매자
> ㉡ 대체품
> ㉢ 공급자
> ㉣ 산업 내 경쟁자
> ㉤ 잠재적 진입자

25 다음 중 호퍼와 센델의 전략경영 형성 단계를 바르게 표현한 것을 고르면?

① 전략의 식별 → 갭의 분석 → 전략적 대체안 → 환경의 분석 → 자원의 분석 → 전략의 평가 → 전략의 선택
② 전략의 식별 → 환경의 분석 → 자원의 분석 → 갭의 분석 → 전략적 대체안 → 전략의 평가 → 전략의 선택
③ 전략의 식별 → 갭의 분석 → 전략의 평가 → 전략의 선택 → 전략적 대체안 → 환경의 분석 → 자원의 분석
④ 전략의 식별 → 전략의 선택 → 전략적 대체안 → 환경의 분석 → 갭의 분석 → 전략의 평가 → 자원의 분석
⑤ 전략의 식별 → 자원의 분석 → 갭의 분석 → 전략적 대체안 → 전략의 평가 → 전략의 선택 → 환경의 분석

> **✔ 해설** 호퍼와 센델의 전략경영 형성 단계 … 전략의 식별 → 환경의 분석 → 자원의 분석 → 갭의 분석 → 전략적 대체안 → 전략의 평가 → 전략의 선택

26 마일스와 스노가 말하는 전략-구조 유형에 대한 내용 중 방어형 전략에 해당하는 것으로 볼 수 없는 것은?

① 기능별 구조 및 제품별 구조를 결합한 느슨한 조직구조를 취하는 경향을 보이고 있다.
② 안정 및 능률을 목표로 하는 전략이다.
③ 광범위한 분업 및 공식화의 정도가 높은 기능별 조직구조를 취하는 경향을 보이고 있다.
④ 단순한 조정메커니즘과 계층경로를 통한 갈등 해결을 하고자 한다.
⑤ 집권화된 통제 및 복잡한 수직적 정보시스템이다.

　✔해설　①은 분석형 전략에 해당하는 것으로 안정 및 유연성을 목표로 하고 있는 전략이다.

27 의사결정의 이론 모형 중 기술적 모형에 관한 내용으로 가장 옳지 않은 것은?

① 현실상황에서 실제 의사결정을 내리는 방식을 설명하는 모형을 말한다.
② 의사결정자는 대안과 그 결과에 대해 완전한 정보를 가질 수 있는 무제한 합리성을 전제로 한다.
③ 이러한 모형에서의 의사결정자는 관리적 인간으로 만족을 추구한다.
④ 제약된 합리성 하에서 의사결정을 내리는 경우에 최적의 의사결정보다는 만족스러운 의사결정을 추구한다.
⑤ 지식의 불완전성, 예측의 곤란성, 가능한 대체안의 제약을 전제하는데 주로 비정형화된 문제해결에 적합하다.

　✔해설　의사결정자는 대안 및 해당 결과에 대해서 완전한 정보를 가질 수 없는 제한된 합리성을 전제로 하고 있다.

Answer　24.⑤　25.②　26.①　27.②

28 다음 그림과 연관된 설명으로 보기 어려운 것은?

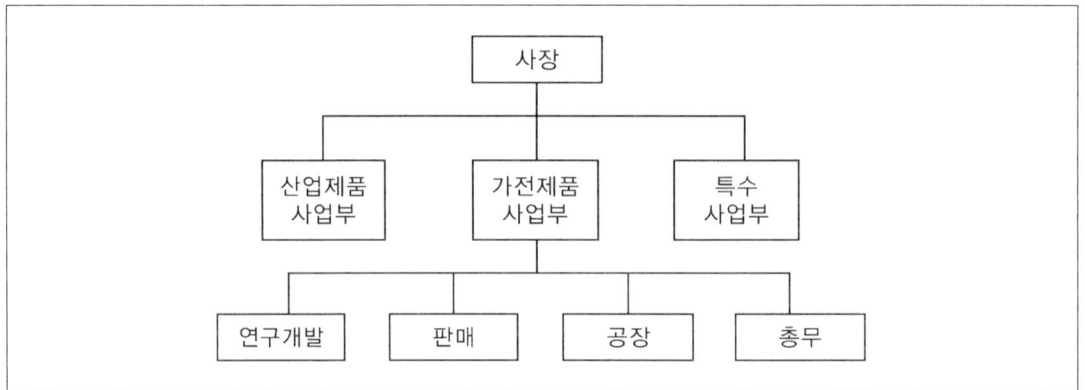

① 제품별 명확한 업적평가, 자원의 배분 및 통제 등이 용이하다는 이점이 있다.
② 사업부별 신축성 및 창의성을 확보하면서 집권적인 스태프와 서비스에 의한 규모의 이익도 추구한다.
③ 전문직 상호 간 커뮤니케이션의 저해가 나타나기도 한다.
④ 사업부장의 총체적 시각에서의 의사결정이 이루어진다.
⑤ 부문 간의 조정이 상당히 어렵다.

✔해설 사업부제 조직은 부문 간의 조정이 용이한 형태의 조직이다.

29 경로 커버리지 결정에 대한 설명 중 집약적 유통에 대한 설명으로 보기 어려운 것을 고르면?
① 집약적 유통은 포괄되는 시장의 범위를 확대 시키려는 전략이라고 볼 수 있다.
② 중간상의 제품에 대한 판매가격 및 신용정책 등에 대해 강한 통제를 할 수 있는 방식이다.
③ 충동구매의 증가 또는 편의성의 증가되는 이점이 있다.
④ 순이익이 낮고 중간상들의 통제에 대한 어려움 등이 있다.
⑤ 집약적 유통에는 통상적으로 편의품이 속한다.

✔해설 ②는 전속적 유통에 대한 설명이다.

30 다음 중 푸시(Push)전략에 대한 설명으로 가장 옳지 않은 것을 고르면?

① 푸시전략은 제조업자가 소비자를 향해 제품을 밀어낸다는 의미이다.
② 푸시전략은 소비자들의 브랜드 애호도가 낮다.
③ 푸시전략은 제품 브랜드 선택이 점포 안에서 이루어지는 특성이 있다.
④ 푸시전략은 광고와 홍보를 주로 사용한다.
⑤ 푸시전략은 충동구매가 잦은 제품의 경우에 적합한 전략이다.

✔해설 ④는 풀(Pull)전략에 대한 설명이다.

31 다음의 보기 중 테일러와 관련한 설명으로 보기 어려운 것은?

① 기업 조직의 운영에 있어 기획이나 실행의 분리를 기본으로 하고 있다.
② 전체 작업에 있어 시간 및 동작연구를 적용하고 표준작업시간을 설정하고 있다.
③ 직능적 조직에 의해 관리의 전문화를 꾀하고 있다.
④ 차별성과급제를 도입하였다.
⑤ 임금은 생산량에 반비례하고, 임금률의 경우 시간연구로 인해 얻은 표준에 따라 결정하였다.

✔해설 임금은 생산량에 비례하였으며, 기계적·폐쇄적인 조직관을 지녔으며, 경제적 인간관의 가정에 기반하고 있다.

32 포드 시스템에 대한 설명 중 옳지 않은 것은?

① 포드 시스템은 통상적으로 동시관리라고도 한다.
② 경영이념으로는 저임금 고가격의 원리를 지향하였다.
③ 포드의 3S에는 제품의 단순화, 부품의 표준화, 작업의 전문화 등이 있다.
④ 생산의 표준화 및 이동조립법을 통해 실시한 생산시스템이다.
⑤ 포드 시스템에서는 계속생산의 능률적 향상 및 관리, 합리화 등에 중점을 두고 있다.

✔해설 포드 시스템은 고임금 저가격의 원리를 지향하였다.

Answer 28.⑤ 29.② 30.④ 31.⑤ 32.②

33 다음 괄호 안에 들어갈 말을 순서대로 바르게 묶은 것을 고르면?

- 기술적 활동 : 생산, 제조, 가공
- 재무적 활동 : 자본의 조달 및 운용
- (㉠) 활동 : 판매, 구매, 교환
- 회계적 활동 : 원가, 통계, 대차대조표
- (㉡) 활동 : 재산 및 구성원의 보호
- 관리적 활동 : 계획, 조직, 명령, 조정, 통제

① ㉠ 보전적, ㉡ 상업적
② ㉠ 물류적, ㉡ 보전적
③ ㉠ 통제적, ㉡ 물류적
④ ㉠ 보전적, ㉡ 통제적
⑤ ㉠ 상업적, ㉡ 보전적

✔해설 상업적 활동에는 판매·구매·교환, 보전적 활동에는 재산 및 구성원의 보호 등이 있다.

34 다음은 막스 베버의 관료제에 대한 설명이다. 이 중 가장 옳지 않은 것은?

① 과업에 기반한 체계적인 노동의 분화
② 불안정적이고 불명확한 권한계층
③ 문서로 이루어진 규칙 및 의사결정
④ 기술적 능력에 따른 승진을 기반으로 하는 구성원 개개인 평생의 경력관리
⑤ 표준화된 운용절차의 일관된 시스템

✔해설 막스 베버의 관료제는 안정적이면서도 명확한 권한계층이 이루어진다.

35 다음 중 호손실험에 관련한 내용으로 옳지 않은 것은?

① 미국의 호손공장에서 호손 실험을 실시한 것으로 메이요 교수가 중심이 되어 이루어졌다.
② 비공식적인 조직을 강조하였다.
③ 비민주적인 리더십을 강조하였다.
④ 의사소통의 경로개발이 중요시되었다.
⑤ 인간의 심리적·사회적 조건 등을 중요시하였다.

> ✔해설 호손실험에서는 조직 내에서 구성원들의 사회·심리적 욕구를 채워줌으로써 조직의 생산성이 증대된다는 인식을 갖게 하는 계기가 되었으며, 이는 민주적 리더십을 강조한 메이요 교수의 호손실험과도 일맥상통하는 내용이다.

36 인간의 관점과 조직의 관점을 2×2 매트릭스로 조직이론을 분류하고 있는 스코트(B. Scott)교수의 조직이론 중 폐쇄-사회적 조직이론에 대한 설명으로 바르지 않은 것을 고르면?

① 조직에서의 경제적, 기계적인 측면을 강조한다는 비판을 받기도 하였다.
② 구성원들에 대한 업무의 태도, 소통, 리더십 등에 대해 관심을 두었다.
③ 행동과학 분야의 발전에 대해 기틀을 제공하였다.
④ 조직을 외부의 환경과는 관계가 있는 개방체계로 파악하였다.
⑤ 조직 구성원들에 대한 사기를 작업의 생산성과 연결시켰다.

> ✔해설 조직을 외부의 환경과는 관계가 없는 폐쇄적인 체계로 파악을 했지만, 구성원들에 대한 인간적 측면도 수용하고 있는 관점을 취했다.

Answer 33.⑤ 34.② 35.③ 36.④

37 다음 중 과학적 관리론과 양대 산맥으로 대비되는 인간 관계론에 대한 설명으로 바르지 않은 것은?

① 인간 관계론은 맥그리거의 Y이론적 내용에 가깝다.
② 인간 관계론은 직무중심이 아닌 인간중심적의 이론이다.
③ 인간 관계론은 사회적 인간관을 가정하고 있는 이론이다.
④ 인간 관계론은 공식적인 구조관을 지니고 있다.
⑤ 인간 관계론은 인간을 감정의 존재로 인지하고 있다.

> **해설** 인간관계론은 인간의 감성을 중시하며, 비공식적 조직관을 지니는 이론이다.

38 다음의 내용이 의미하는 것은?

> 이러한 조직의 경우 서로 상호보완적인 소수가 공동의 목표달성을 위해 책임을 공유하고 더불어 문제 해결을 위해 노력하게 되는 수평적인 조직이다. 특히 능력 및 적성에 의해 탄력적으로 인재를 운용하고 동등한 책임 하에 구분되어진 업무를 수행하면서 상호유기적인 관계를 유지하는 조직형태를 취하고 있다.

① 매트릭스 조직
② 네트워크 조직
③ 프로젝트 조직
④ 팀제 조직
⑤ 라인 조직

> **해설** 팀(제)조직은 책임을 공유하고 문제 해결을 위해 서로 노력하게 되는 수평적인 조직이고, 성과를 높일 수 있으며, 그로 인해 해당 조직의 유연성을 제고하여 탄력적인 운영이 가능하며, 구성원들에 대한 창조적인 학습과 인재육성의 가능한 형태를 취한다.

39 토마스 데이븐 포트는 자신의 저서 정보생태학에서 '정보도 그 특성에 따라 데이터, 정보, 지식으로 계층을 나누어 볼 수 있다'고 주장하였다. 다음 중 성격이 다른 정보 계층에 속하는 정보는?

① 판매 행사에서 고객들이 주문한 제품 및 주문 수량
② 판매 행사에 참여한 고객의 이름
③ 판매 행사에서 제공한 제품명과 단가
④ 판매 행사에서 가장 잘 팔린 제품명과 단가
⑤ 판매 행사에서 담당 직원명과 부서명

> **해설** 수집한 자료를 의사결정에 유용한 형태로 처리한 것을 정보라 하며, 이러한 정보가 체계화되어 축적되어지면 지식이 된다. 자료는 특정 업무와의 관련성이나 적절성 유무와는 관계없이, 어떤 현상이 일어난 사건이나 사상을 기록한 것으로 운용개념이 없는 사실 자체를 의미한다. ①, ②, ③, ⑤는 의사결정에 활용할 수 없는 사실 그 자체로 자료에 해당한다.

40 다음의 기사 내용을 읽고 이와 관련한 표본추출방식을 고르면?

> 지역주민 1500명을 대상으로 설문 조사를 실시한 결과 이번 조사는 '지역경기가 상당히 침체되어 있는 상황 하에서' 도민들의 '지역경기 진단'과 '제주도 주요정책에 대한 평가'를 중심으로 이뤄졌다. 43개 읍면동의 성, 연령별 인구에 비례해 표본을 할당한 후, 서로 유사한 성격의 마을을 묶는 방식으로 추출된 도민 1,500명을 대상으로 했다.

① 계층별무작위 추출방식을 설명한 것이다.
② 할당표본 추출방식을 설명한 것이다.
③ 판단표본 추출방식을 설명한 것이다.
④ 단순무작위 추출방식을 설명한 것이다.
⑤ 군집표본 추출방식을 설명한 것이다.

> **해설** 군집표본 추출법은 모집단이 여러 개의 동질적인 소규모 집단으로 구성되어 있으며, 각각의 군집은 모집단을 대표할 수 있을 만큼의 다양한 특성을 지닌 요소들로 구성되어 있을 시에 군집을 무작위로 몇 개 추출해서 선택된 군집 내에서 무작위로 표본을 추출하는 방법으로 군집 내 요소들은 서로 이질적으로 다양한 특성을 가지고 있어야 하고 군집들은 서로 동질적이어야 한다.

Answer 37.④ 38.④ 39.④ 40.⑤

41 MIS의 하위 시스템인 거래처리시스템은 컴퓨터를 이용하여 제품의 판매 및 구매와 예금의 입출금 · 급여계산 · 항공예약 · 물품선적 등과 같은 실생활에서 일상적이면서 반복적인 기본 업무를 능률적으로 신속하고, 정확하게 처리해 데이터베이스에 필요한 정보를 제공해 주는 역할을 수행한다. 아래의 그림은 경영계층별 정보시스템의 구조를 나타낸 것이다. 이를 참조하여 가장 하위에 있는 거래처리시스템에 대한 내용을 유추한 것 중 가장 옳지 않은 것을 고르면?

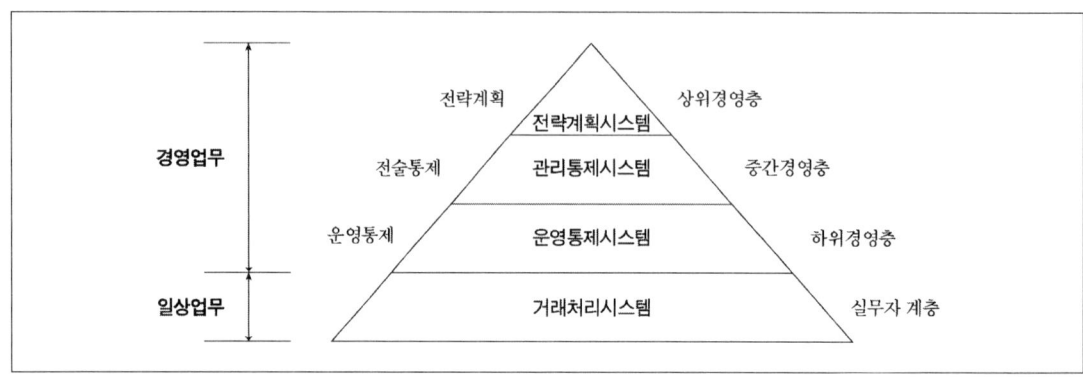

① 조직의 일상적인 거래 처리를 행한다.
② 문제해결이나 의사결정을 지원하지 않는다.
③ 대부분 실시간으로 처리해야 하기 때문에 비교적 짧은 시간에 많은 양의 자료를 처리한다.
④ 기업의 운영 현황에 관한 정보를 관리한다.
⑤ 시스템 구축 목적에 맞게 드릴다운 기법과 같은 정보제공 기능이 반드시 지원되어야 한다.

> ✔해설 거래처리 시스템은 기업 조직에서 일상적이면서 반복적으로 수행되는 거래를 쉽게 기록 및 처리하는 정보 시스템으로서 기업 활동의 가장 기본적인 역할을 지원하는 시스템을 말한다. 반면에 중역정보시스템은 DSS의 특수한 하나의 형태로서 조직 내 상위 경영층을 지원하는 데 활용되어진다.

42 다음 그림을 참조하여 이러한 조직형태에 대한 내용으로 보기 어려운 것을 고르면?

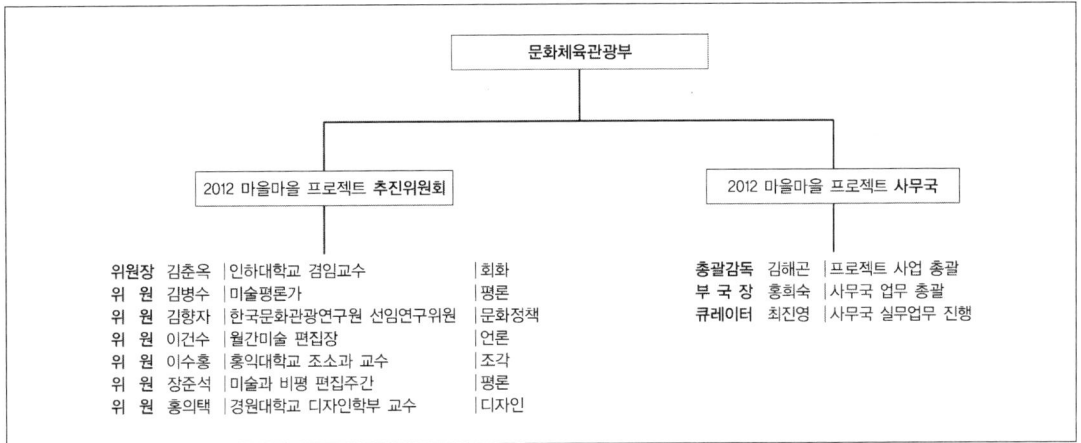

① 위와 같은 형태의 조직은 특정 사업 목표를 달성하기 위해 임시적으로 조직 내 인적 및 물적 자원 등을 결합하는 조직 형태라 할 수 있다.
② 부서 내 명확하게 정의되는 책임 및 역할이 존재한다.
③ 국내의 경우 국토교통부의 신도시 건설기획단, 행정안전부의 지방자치기획단, 국무총리실의 국정감사지원단 등이 이러한 사례에 속한다.
④ 해산을 전제로 하는 임시로 편성된 일시적 조직이다.
⑤ 비혁신적, 일상적인 과제의 해결을 위해 형성되는 정태적 조직이다

> ✔해설 프로젝트 조직(Project Organization)은 혁신적, 비일상적인 과제의 해결을 위해서 형성되는 동태적 조직을 의미한다.

43 다음 중 기업의 국제화 단계를 순서대로 바르게 나열한 것은?

① 제품의 수출입단계 → 자본의 수출입단계 → 기술정보의 수출입단계 → 인적자원의 교환단계 → 현지 사업단계 → 현지 진출단계
② 제품의 수출입단계 → 자본의 수출입단계 → 인적자원의 교환단계 → 현지 사업단계 → 기술정보의 수출입단계 → 현지 진출단계
③ 자본의 수출입단계 → 제품의 수출입단계 → 기술정보의 수출입단계 → 인적자원의 교환단계 → 현지 사업단계 → 현지 진출단계
④ 인적자원의 교환단계 → 현지 사업단계 → 제품의 수출입단계 → 자본의 수출입단계 → 기술정보의 수출입단계 → 현지 진출단계
⑤ 자본의 수출입단계 → 기술정보의 수출입단계 → 인적자원의 교환단계 → 제품의 수출입단계 → 현지 사업단계 → 현지 진출단계

> ✔해설 기업의 국제화 단계 … 상품의 수출입단계 → 자본의 수출입단계 → 기술정보의 수출입단계 → 인적자원의 교환단계 → 현지 사업단계 → 현지 진출단계

44 다음은 비정형적 의사결정에 대한 설명이다. 이 중 가장 옳지 않은 것을 고르면?

① 비정형적 의사결정은 특수하면서도 비일상적인 문제를 주로 다루는 의사결정의 형태이다.
② 통상적으로 해결안은 문제가 정의된 후 창의적으로 결정되는 방식을 따른다.
③ 주로 전략적 의사결정의 수준이다.
④ 의사결정의 계층은 주로 하위층이다.
⑤ 이러한 의사결정의 경우 기존에는 판단, 직관, 경험 등에 의존해 왔으나 현대에 와서는 휴리스틱 기법이 많이 활용되고 있다.

> ✔해설 비정형적 의사결정은 비일상적이면서 특수한 상황 하에서 진행되는 의사결정으로 이러한 경우의 의사결정의 계층은 하위층이 아닌 고위층에서 다루게 된다.

45 다음 그림을 보고 관련한 설명으로 가장 거리가 먼 것을 고르면?

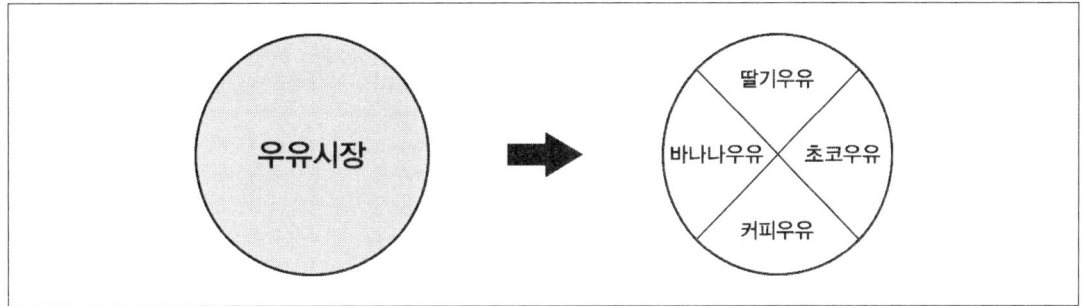

① 위 그림은 하나의 전체 시장을 소비자들의 욕구에 맞게 여러 개의 세분시장으로 나누어 소비자들의 니즈에 부응하도록 하는 마케팅 전략이다.
② 전체 시장에서의 매출은 증가되는 현상을 보이게 된다.
③ 각각의 세분시장에 차별화된 제품 및 광고 판촉을 제공하기 위해 비용은 줄어드는 현상을 보이게 된다.
④ 이러한 경우에는 자원이 풍부한 대기업 등에서 주로 활용하게 된다.
⑤ 위 그림과 같은 경우는 다른 말로 복수 세분시장 전략이라고도 한다.

> **해설** 차별적 마케팅 전략(Differentiated Marketing Strategy)은 소비자들의 니즈에 맞게 시장을 세분화하여 각각의 세분시장에 차별화된 제품 및 광고의 판촉을 제공하기 위해 비용 또한 늘어나게 된다.

Answer 43.① 44.④ 45.③

46 다음 그림은 포지셔닝 맵에 대한 것이다. 다음 중 이와 관련한 내용으로 보기 어려운 것을 고르면?

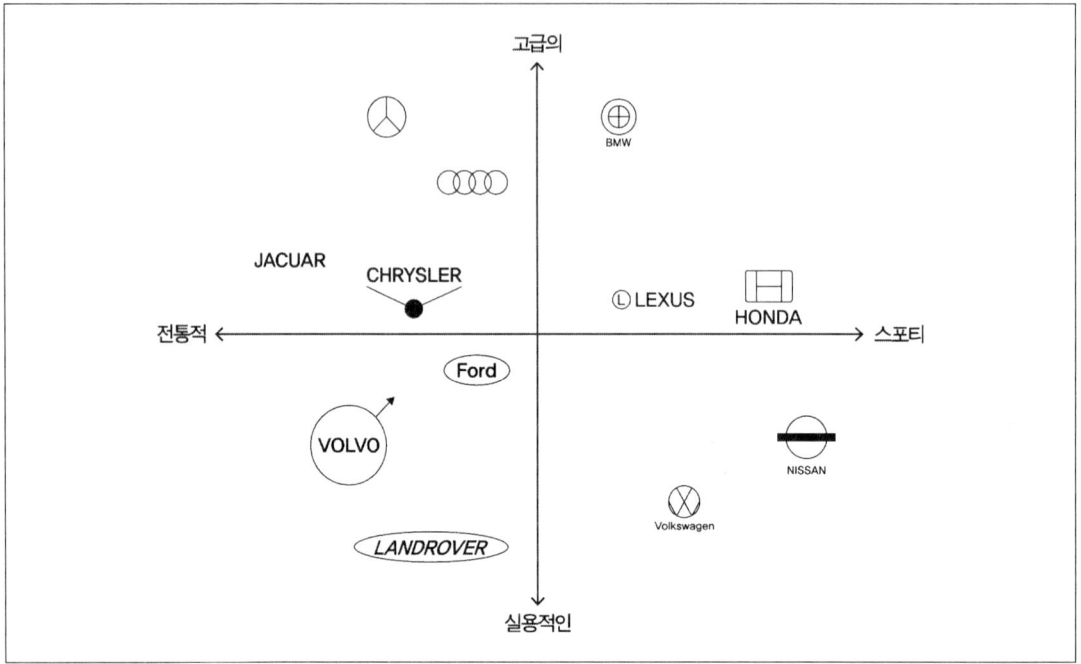

① 위 그림은 기업 및 제품에 대해 위상을 정립하기 위해 마케팅 믹스를 통해서 소비자들에게 자사 제품의 정확한 위치를 인식시키는 것이라 할 수 있다.
② 소비자가 시장에 있는 각각의 제품에 대해 지각하고 있는 유사점과 차이점을 선별하여 2차원 또는 3차원의 도면으로 작성하는 방법이다.
③ 포지셔닝의 기준이 되는 지표의 선정이 중요하다.
④ 지표의 경우 제품에 대한 공급자들이 판매를 할 때 중요하게 고려되는 것으로 선정해야 한다.
⑤ 이 경우 직접 또는 간접적으로 경쟁하고 있는 브랜드들의 시장 내에서 차지하는 위치와 소비자들의 인식을 한눈에 확인 할 수 있다.

> **해설** 포지셔닝 맵에서 지표는 제품에 대해 소비자들이 구매의사결정을 할 시에 중요하게 고려하는 것을 선정해야 한다.

47 통상적으로 보면 제품흐름의 계획 및 통제를 하는 데 있어 물류시스템들은 강약점이 있는데 다음 중 내용이 가장 적절치 못한 것을 고르면?

① JIT 물류시스템이 성공적으로 적용될 수 있는 생산형태가 제한되어 있다. 본질적으로 반복생산 업종에 한정되어, 표준화된 제품을 비교적 대량 생산하지 않는 공장에는 적용하는 것이 적절치 않다.
② 엘리야후 골드렛에 의해 제안된 제약조건이론의 드럼-버퍼-로프(DBR: Drum- Buffer- Rope) 시스템은 동기화 물류시스템이다.
③ DBR의 드럼은 시스템의 제약을 고려해서 전체 시스템의 진행속도를 결정하고, 버퍼는 시스템에서 발생할 수 있는 지연 등의 혼란 요소로부터 시스템을 보호하며, 로프는 시스템의 모든 자원을 드럼에 동기화하기 위한 장치이다.
④ DBR의 기준생산일정인 드럼은 전체 계획 생산속도를 정하는 중요한 개념으로, 최대가용능력이 가장 큰 자원을 활용하여 최대한으로 사용할 수 있도록 일정 계획을 수립하는 것으로부터 시작한다.
⑤ 제약조건이론에서 DBR의 목표는 재고와 운영비용을 효율적으로 관리하면서 Throughput에 대한 기대를 만족시키는 것이다.

> **해설** 제약이론에서 DBR은 제약이론을 생산시스템에 적용하기 위한 생산계획 및 통제 기법이다. Drum은 생산능력이 가장 적어 공정의 생산속도를 결정하는 능력제약자원이며 모든 공정은 CCR을 고려해서 전체 시스템의 보조를 결정한다.

48 다음은 시장세분화 조건에 대한 내용들이다. 이 중 가장 옳지 않은 것은?

① 마케터가 각 세분시장에 속하는 구성원을 확인하고, 세분화 근거에 따라 그 규모 및 구매력 등의 크기를 측정할 수 있어야 한다는 것은 측정 가능성을 의미하는 것이다.
② 각 세분시장은 별도의 마케팅 노력을 할애할 만큼 규모가 크고 수익성이 높아야 한다는 것은 유지 가능성을 의미하는 것이다.
③ 마케터가 각 세분시장에게 기업이 별도의 상이한 마케팅 노력을 효과적으로 집중시킬 수 있어야 한다는 것은 접근 가능성을 의미하는 것이다.
④ 마케터가 각 세분시장에게 적합한 마케팅 믹스를 실제로 개발할 수 있는 능력 및 자원을 가지고 있어야 한다는 것은 실행 가능성을 의미하는 것이다.
⑤ 특정 마케팅 믹스에 대한 반응 및 세분화 근거에 있어 같은 세분시장의 구성원은 이질성을 보여야 하고, 다른 세분시장의 구성원과는 동질성을 보여야 한다는 것은 내부적 동질성과 외부적 이질성을 의미하는 것이다.

✅**해설** 특정한 마케팅 믹스에 대한 반응이나 세분화 근거에 있어서 같은 세분시장의 구성원은 동질성을 보여야 하고, 다른 세분시장의 구성원과는 이질성을 보여야 한다는 것은 내부적 동질성과 외부적 이질성을 의미하는 것이다.

※ 시장세분화 조건

구분	내용
측정 가능성	마케터는 각 세분시장에 속하는 구성원을 확인하고, 세분화 근거에 따라 그 규모나 구매력 등의 크기를 측정할 수 있어야 한다.
유지 가능성	각 세분시장은 별도의 마케팅 노력을 할애할 만큼 규모가 크고 수익성이 높아야 한다.
접근 가능성	마케터는 각 세분시장에게 기업이 별도의 상이한 마케팅 노력을 효과적으로 집중시킬 수 있어야 한다.
실행 가능성	마케터는 각 세분시장에게 적합한 마케팅 믹스를 실제로 개발할 수 있는 능력과 자원을 가지고 있어야 한다.
내부적 동질성 및 외부적 이질성	특정한 마케팅 믹스에 대한 반응이나 세분화 근거에 있어서 같은 세분시장의 구성원은 동질성을 보여야 하고, 다른 세분시장의 구성원과는 이질성을 보여야 한다.

49 다음 중 현금흐름의 추정 시에 고려사항으로 보기 어려운 것은?

① 기회비용 및 매몰원가에 대한 정확한 조정이 필요하다.
② 세금의 효과를 고려해야 한다.
③ 감가상각 등의 비현금지출비용 등에 대해서도 각별히 유의해야 한다.
④ 증분현금흐름은 반영시키지 않아도 된다.
⑤ 인플레이션을 반영시켜야 한다.

> **해설** 현금흐름 추정 시에는 증분현금흐름을 반영시켜야 한다.

50 다음 중 시스템 개발 단계를 순서대로 바르게 배열한 것은?

① 정보요구 사항의 결정→선택안의 평가→설계→구현
② 정보요구 사항의 결정→설계→선택안의 평가→구현
③ 정보요구 사항의 결정→선택안의 평가→구현→설계
④ 정보요구 사항의 결정→구현→선택안의 평가→설계
⑤ 정보요구 사항의 결정→설계→구현→선택안의 평가

> **해설** 시스템 개발 단계 … 정보요구 사항의 결정→선택안의 평가→설계→구현

51 다음 중 표적 집단면접법에 대한 설명으로 바르지 않은 것은?

① 전문적인 정보의 획득이 가능한 방법이다.
② 다양하고노 많은 주제의 자료수집이 가능한 방법이다.
③ 행위에 있어서의 내면의 이유 파악이 가능한 방법이다.
④ 주관적인 해석을 내릴 수 있는 우려가 있는 방법이다.
⑤ 나타난 결과에 대한 일반화가 상당히 용이한 방법이다.

> **해설** 표적 집단면접법은 도출된 결과에 대한 일반화가 어려운 방법이다.

Answer 48.⑤ 49.④ 50.① 51.⑤

52 다음 중 명목척도(Nominal Scale)에 대한 설명으로 바르지 않은 것은?

① 조사하고자 하는 대상을 분류시킬 목적으로 임의로 숫자를 부여하는 척도를 말한다.
② 평균 및 표준편차에 대한 의미가 없다.
③ 빈도수를 활용하는 계산의 경우에는 의미가 없다.
④ 수치 간 거리는 무의미하다.
⑤ 상하의 관계는 없으며, 구분만 존재하는 척도이다.

> **해설** 명목척도는 빈도수를 활용하는 계산의 경우에 의미가 있는 척도이다.

53 다음의 내용과 관련된 설명으로 보기 어려운 것을 고르면?

예 오징어 짬뽕은 건더기가 풍부한 라면이다.
전혀 동의하지 않음　　　　　　　　　　　　　　매우 동의함 　　　　　1　　　2　　　3　　　4　　　5

① 척도 설계가 용이하다.
② 응답자가 쉽게 이해할 수 있다.
③ 관리가 용이하다.
④ 측정값은 명목척도로 간주된다.
⑤ 응답자 스스로가 이해하며 답하는 경우에 널리 활용되는 방식이다.

> **해설** 위 내용은 리커트 척도(Lickertis Scale)에 대한 설명이다. 리커트 척도는 응답자가 주어진 문장을 보고 동의하는 정도를 답하게끔 하는 척도를 의미하며, 측정값은 등간척도로 간주된다.

54 다음 그림과 관련한 내용으로 보기 어려운 것은?

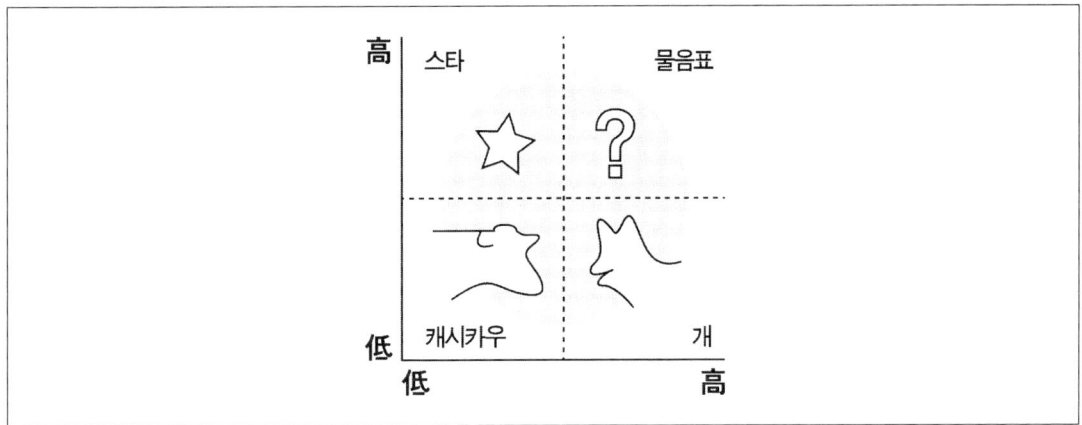

① BCG 매트릭스에서의 시장성장률은 각 SBU가 속하는 산업 일부의 평균매입액 증가율로서 표시된다.
② 위 모형은 SBU의 수익과 현금흐름이 실질적으로 판매량과 밀접한 관계에 있다는 가정 하에 작성된 모형이라 할 수 있다.
③ BCG 매트릭스에서는 현금흐름에 초점을 두고, 상대적 시장점유율과 시장성장률이란, 2가지 변수를 고려하여 사업 포트폴리오를 구성하였다.
④ BCG 매트릭스는 세로축을 시장성장률로 두고, 가로축을 상대적 시장점유율로 두어 2×2 매트릭스를 형성하고 있다.
⑤ 최초의 표준화된 포트폴리오 모형은 BCG 매트릭스이다.

> **해설** BCG 매트릭스에서의 시장성장률은 각 SBU가 속하는 산업 전체의 평균매출액 증가율로서 표시되며, 시장성장률의 고·저를 나누는 기준점으로는 전체 산업의 평균성장률을 활용하게 된다.

55 다음의 설명들 중에서 가장 옳지 않은 것을 고르면?

① 공식조직은 계획적이고 의도적으로 구성요소 간 합리적 관계패턴을 공식적으로 확립시키기 위해 만든 조직이라 할 수 있다.
② 공식조직을 구성함에 있어서는 기능의 분화와 지위의 형성, 직위에 대한 권한 및 책임의 한계 등을 명시적으로 규정화하는 것 등이 문제가 된다.
③ 비공식 조직은 소집단의 성질을 띠며, 조직 구성원들은 서로 밀접한 관계를 형성한다.
④ 비공식 조직의 구성원들은 이성적 관계 및 단체적 접촉이다.
⑤ 비공식 조직에서는 비공식적인 가치관, 규범, 기대 및 목표를 가지고 있으며, 조직의 목표달성에 큰 영향을 미친다.

✔해설 비공식 조직의 구성원들은 감정적 관계 및 개인적 접촉이다.

56 제품을 수송 및 보관함에 있어서 이에 대한 가치나 상태 등을 보호하기 위해 적정한 재료 및 용기 등에 탑재하는 것과 동시에, 상표에 대해 소비자들로 하여금 바로 인지하게 하는 역할을 수행하게 하는 것을 포장이라고 한다. 다음 중 포장의 목적으로 보기 어려운 것을 고르면?

① 제품 보호성
② 제품 편리성
③ 제품 공급성
④ 제품 경제성
⑤ 제품 촉진성

✔해설 포장의 목적으로는 제품 보호성, 제품 편리성, 제품 촉진성, 제품 경제성, 제품 환경보호성 등이 있다.

57 다음 중 제품수명주기(Product Life Cycle)의 순서로 옳은 것은?

① Introduction Stage → Maturity Stage → Growth Stage → Decline Stage
② Introduction Stage → Growth Stage → Decline Stage → Maturity Stage
③ Introduction Stage → Maturity Stage → Decline Stage → Growth Stage
④ Introduction Stage → Growth Stage → Maturity Stage → Decline Stage
⑤ Introduction Stage → Decline Stage → Growth Stage → Maturity Stage

✔해설 제품수명주기는 Introduction Stage(도입기) → Growth Stage(성장기) → Maturity Stage(성숙기) → Decline Stage(쇠퇴기)의 순서로 이루어진다.

58 다음 중 촉진관리과정을 순서대로 바르게 배열한 것은?

① 표적청중의 확인 → 메시지의 결정 → 목표의 설정 → 매체의 선정 → 촉진예산의 설정 → 촉진믹스의 결정 → 촉진효과의 측정
② 표적청중의 확인 → 매체의 선정 → 촉진예산의 설정 → 목표의 설정 → 메시지의 결정 → 촉진믹스의 결정 → 촉진효과의 측정
③ 표적청중의 확인 → 목표의 설정 → 메시지의 결정 → 매체의 선정 → 촉진예산의 설정 → 촉진믹스의 결정 → 촉진효과의 측정
④ 표적청중의 확인 → 촉진예산의 설정 → 촉진믹스의 결정 → 목표의 설정 → 메시지의 결정 → 매체의 선정 → 촉진효과의 측정
⑤ 표적청중의 확인 → 촉진믹스의 결정 → 촉진예산의 설정 → 메시지의 결정 → 매체의 선정 → 촉진효과의 측정 → 목표의 설정

> **해설** 촉진관리과정…표적청중의 확인 → 목표의 설정 → 메시지의 결정 → 매체의 선정 → 촉진예산의 설정 → 촉진믹스의 결정 → 촉진효과의 측정

59 다음 중 소비자 구매의사결정과정을 순서대로 바르게 나열한 것은?

① 문제의 인식 → 대안의 평가 → 정보의 탐색 → 구매 → 구매 후 행동
② 문제의 인식 → 정보의 탐색 → 구매 → 대안의 평가 → 구매 후 행동
③ 문제의 인식 → 대안의 평가 → 구매 → 정보의 탐색 → 구매 후 행동
④ 문제의 인식 → 구매 → 정보의 탐색 → 대안의 평가 → 구매 후 행동
⑤ 문제의 인식 → 정보의 탐색 → 대안의 평가 → 구매 → 구매 후 행동

> **해설** 소비자 구매의사결정과정…문제의 인식 → 정보의 탐색 → 대안의 평가 → 구매 → 구매 후 행동

Answer 55.④ 56.③ 57.④ 58.③ 59.⑤

CHAPTER 02 조직행위

1 리더십 이론에 대한 다음의 설명에 해당하는 것은?

> 부하직원들이 리더의 특정 행동을 보고 그것을 그의 영웅적 또는 비범한 능력에 귀인할 때 생기는 리더십을 말한다. 비전수립이 명확하고, 개인적 위험을 기꺼이 감수하며, 부하직원의 요구에 민감하고, 습관에 얽매이지 않는 행동을 한다.

① 슈퍼 리더십
② 카리스마적 리더십
③ 서번트 리더십
④ 변혁적 리더십
⑤ 거래적 리더십

> **해설** 카리스마적 리더십에 관한 설명이다. 카리스마적 리더십은 현상 유지보다는 더 좋은 미래를 제시하는 비전을 가지고 있으며, 구성원들이 이해할 수 있는 용어로 비전의 중요성을 설명할 수 있다. 또 비전 달성을 위해 기꺼이 개인적 위험을 추구하고 높은 비용을 부담하며 자기희생을 한다.

2 다음 중 직무평가의 방법 중 비교대상은 구체적 직무요소에 해당하고, 비교기준은 직무 대 기준인 방법에 대한 설명은?

① 직무의 상대적 가치들을 전체적이면서 포괄적으로 파악한 후 순위를 정하는 방법이다.
② 기준 직무와 비교하여 해당 직무의 상대적 가치를 결정하는 것을 말한다.
③ 미리 규정된 등급이나 부류에 대해 평가하려는 직무를 배정하여 평가하는 방법이다.
④ 직무의 여러 요소에 중요도별 점수를 부여한 후, 합산하여 해당 직무에 대한 점수를 산출하는 방법이다.
⑤ 직위의 상대적 수준을 현재의 임금액과 연관시켜 평가하므로 금액가중치 방식이라 불린다.

> **해설** ④ 점수법 : 각 직무를 여러 구성요소로 나누어 중요도에 따라 각 요소들에 점수를 부여한 후, 그 점수를 합산하여 해당 직무에 대한 전체 점수를 산출해서 평가하는 방법
> ① 서열법
> ②⑤ 요소비교법
> ③ 분류법

3 다음 중 직무분석 시의 오류에 해당하지 않는 것을 고르면?

① 부적절한 표본의 추출
② 반응세트
③ 기업외부의 경제변화
④ 직무환경의 변화
⑤ 구성원들의 행동변화

> ✔해설 직무분석 시에 있어서의 오류
> ㉠ 부적절한 표본의 추출
> ㉡ 반응세트
> ㉢ 직무환경의 변화
> ㉣ 구성원들의 행동변화

4 아래 내용이 설명하는 리더십 유형에 해당하는 것은?

• 자신보다 타인에 대한 더 큰 희생에 초점을 맞추고 있다.
• 주안점은 자신의 이익을 떠나서 다른 사람들을 섬기는 것이다.
• 다른 사람들을 다치게 할 수 있는 자기중심적인 행동을 하려는 경향이 적다.

① 서번트 리더십　　　　　　② 슈퍼 리더십
③ 카리스마적 리더십　　　　④ 거래적 리더십
⑤ 변혁적 리더십

> ✔해설 ② 슈퍼 리더십: 부하들이 자기자신을 리드할 수 있는 역량과 기술을 갖도록 하는 것을 리더의 역할로 규정하고 있다.
> ③ 카리스마적 리더십: 부하직원들이 리더의 특정 행동을 보고 그것을 그의 영웅적 또는 비범한 능력에 귀인할 때 카리스마적 리더십이 생긴다고 보았다.
> ④ 거래적 리더십: 부하들이 규칙과 관례에 따르기를 선호하며, 부하들에게 즉각적이고 가시적인 보상으로 동기부여 한다.
> ⑤ 변혁적 리더십: 변화에 대한 새로운 도전을 하도록 부하를 격려하며, 부하들에게 자아실현과 같은 높은 수준의 개인적 목표를 동경하도록 동기부여 한다.

Answer 1.② 2.④ 3.③ 4.①

5 Argyris의 미성숙·성숙 이론의 미성숙단계와 성숙단계를 비교한 표이다. 다음 중 잘못된 것은?

	미성숙단계	성숙단계
①	수동적 행위	증대된 행위
②	의존심	독립심
③	다양한 행동	한정된 행동
④	종속적 위치	대등 또는 우월한 위치
⑤	자아의식 결여	자아의식과 자기통제

✔ 해설 미성숙 단계에서는 한정된 행동 양상을, 성숙 단계에서는 다양한 행동 양상을 보인다.

6 하우스와 에반스(House & Evans)의 경로-목표 리더십이론에 대한 설명으로 옳지 않은 것은?

① 효과적 리더십의 유형은 상황변수에 따라 달라질 수 있음을 제시하였다.
② 지시적 리더십은 부하들의 역할 모호성이 높은 상황에서 필요한 리더십 유형이다.
③ 성취지향적 리더십은 부하가 과업을 어렵게 느끼거나 자신감이 결여되었을 때 불안감을 감소시킴으로서 부하의 노력 수준을 높일 수 있게 한다.
④ 참여적 리더십은 부하들이 구조화되지 않은 과업을 수행할 때 필요한 리더십 유형이다.
⑤ 경로-목표 리더십이론은 리더의 역할이 부하들 개인이나 조직의 목표를 달성하는데 대한 동기를 부여하는 것이다.

✔ 해설 ③ 지원적 리더십에 대한 설명으로 지원적 리더십은 부하가 스트레스를 많이 받거나 단조롭고 지루한 업무를 수행하는 상황에서 작업환경의 부정적인 측면을 최소화시킴으로써 부하가 업무를 더욱 원활하게 수행할 수 있도록 해주는 유형이다.

7 로크(Locke)의 목표설정이론(goal-setting theory)에 기초한 주장으로 옳지 않은 것은?

① 추상적인 목표의 제시는 목표 실행자의 창의력을 증진시켜 성과를 높일 수 있게 해 준다.
② 적절한 피드백의 제공은 성과 향상의 필요조건이다.
③ 목표 실행자의 목표설정과정 참여는 목표에 대한 이해도를 향상시켜 성과를 높일 수 있게 해 준다.
④ 목표달성에 대한 적절한 보상은 성과 향상을 위한 필요조건이다.
⑤ 효과의 장기간 유지가 힘들고 목표를 계량적으로 측정하기 힘든 직무에는 적용하기 어렵다.

✔해설 ① 로크는 목표가 구체적이고 도전적이며 수행과정에서 피드백을 받을 수 있으면 동기부여가 잘 되고 성과도 뛰어나다고 주장하였다.

8 핵크만과 올드햄의 직무특성이론에서 제시한 직무특성이 아닌 것은?

① 기술다양성 ② 과업정체성
③ 독립성 ④ 자율성
⑤ 피드백

✔해설 직무특성이론에서 제시한 직무특성에는 기술다양성, 과업정체성, 과업중요성, 자율성, 피드백이 있다.

9 MBO에 대한 다음의 설명 중 바르지 않은 것은?

① 평가의 근거는 목표의 달성여부가 된다.
② 맥그리거의 X이론을 발전시켜 적용하였다.
③ 과정은 설정 → 활동 , 평가 등 크게 3단계로 나누어진다.
④ 조직의 목표달성에 집중하므로 효율성이 높인다는 장점이 있다.
⑤ 단기적인 목표를 강조하며, 그 목표 역시 비탄력적이라는 단점이 있다.

✔해설 목표관리법(MBO ; Management By Objectives)은 맥그리거의 Y이론을 발전시켜 사용하였다.

10 다음의 기사를 읽고 밑줄 친 부분과 관련성이 가장 적은 것을 고르면?

> 연구자들이 고개를 저었다. 방향을 잡기 어려워서다. 무대는 1924년 AT&T사의 자회사인 웨스턴 일렉트릭 호손(Hawthorne) 공장. 작업환경 개선이 생산성을 올려주는지 알아보기 위한 실험에서 연구팀은 먼저 작업장의 조명을 밝게 바꿨다. 예상대로 생산성이 높아졌다. 문제는 아무런 변화를 주지 않은 비교집단에서도 비슷한 생산성 향상이 나타났다는 점. 난관에 봉착한 연구팀은 1927년 전문가를 불렀다. 초빙자는 엘턴 메이오(Elton Mayo) 하버드대학 경영대학원 교수. 메이오팀은 노동시간 단축, 휴식시간 확대, 간식 제공 등 노동여건을 개선시켰다. 예측대로 생산성이 높아졌지만 뜻밖의 결과도 나왔다. 노동조건을 원래대로 돌렸을 때 역시 생산성이 떨어지지 않았던 것. 메이오는 실험의 주역으로 선발됐다는 여공들의 자부심이 어떤 경우에서도 고효율을 낳은 요인이라는 결론을 내렸다. 1932년까지 연구를 진행한 메이오팀은 이듬해 '산업화와 <u>인간관계론</u>'을 펴냈다.
>
> 종업원의 소속감과 안정감·참여의식이 생산성을 결정하고 인간관계로 형성된 사내 비공식조직이 경영성과를 좌우한다는 메이오의 주장은 파장을 일으켰다. 테일러식 과학적 관리와 포드식 대량 생산, 기계화와 자동화가 경영신앙으로 자리 잡았던 시대였기 때문이다. 마침 대공황의 복판이어서 노동자를 중시한 연구결과는 더 큰 호응을 받고 생산성 혁신사의 전환점을 그었다. 오스트레일리아 출생(1880년)으로 의대 중퇴, 잡지 기고자를 거쳐 뒤늦게 심리학과 철학을 공부해 산업현장과 경영에 접목한 메이오는 1947년 은퇴한 뒤 1949년 9월7일 69세로 죽었지만 산업심리학이라는 새로운 학문 분야를 남겼다. 기계에 딸린 생산재로 여겨지던 인간이 경영관리의 중심으로 대우 받게 된 것도 그의 연구부터다.

① 공식조직보다는 비공식조직을 강조하고 있다.
② 기계적 및 폐쇄적인 조직관을 기반으로 하고 있다.
③ 참여 및 민주적인 리더십을 강조하였다.
④ 사회인 가설에 근거하고 있다.
⑤ 구성원들의 만족이 생산성의 향상을 가져온다고 믿고 있다.

✅ **해설** ②번은 과학적 관리론에 관한 내용이다.

11 다음 중 조직정치의 통제에 관한 내용으로 가장 옳지 않은 것은?

① 최고경영자가 솔선수범을 보이게 된다.
② 조직의 목표 및 개인의 목표를 조화시킨다.
③ 직무순환을 시키게 된다.
④ 성과에 따른 주관적인 기준을 마련하게 된다.
⑤ 개방 및 신뢰의 조직분위기를 조성하게 된다.

> ✔해설 인간관계론자들은 민주적인 리더십의 형태를 강조한다.

12 리더십 이론에 관한 설명 중 바르지 않은 것은?

① 서번트 리더십은 타인을 위한 봉사에 초점을 두고, 구성원과 소비자의 커뮤니티를 우선으로 그들의 니즈를 만족시키기 위해 헌신하는 유형의 리더십이다.
② 규범적 리더십 모형에서는 의사결정과정에서 리더가 선택할 수 있는 리더십의 스타일을 5가지로 구분하였다.
③ 변혁적 리더십은 구성원들로 하여금 리더에 대한 신뢰를 갖게 하는 카리스마와 조직변화의 필요성을 인지하고 변화를 끌어 낼 수 있는 새로운 비전을 제시할 수 있는 능력이 요구되는 리더십이다.
④ 거래적 리더십은 규칙을 따르는 의무에 관계되어 있으므로 거래적 리더들은 변화를 촉진하기보다 조직의 안정을 유지하는 것을 중시한다.
⑤ 상황부합 이론에 의하면, 상황이 아주 좋거나 나쁠 때는 관계지향 리더가 효과적인 반면, 보통 상황에서는 과제지향 리더가 효과적이다.

> ✔해설 ⑤ 상황 부합 이론에 따르면, 상황이 아주 좋거나 반대로 나쁠 때는 과제지향 리더가 효과적인 반면, 보통 상황에서는 관계지향 리더가 효과적이다.

Answer 10.② 11.④ 12.⑤

13 다음의 기사를 읽고 밑줄 친 부분의 특징을 설명한 것으로 적절하지 않은 것을 고르면?

> 정치인 출신 장관들의 내각 입성도 결과적으로는 포스트 김기춘 체제를 안정감 있게 가져가는데 역할을 할 것으로 전망된다. 이완구 국무총리에 최경환, 황우여 부총리가 존재함에도 불구하고 유기준, 유일호 의원을 입각시키기로 한 것은 물론 '청문회 공포증'이라는 분석도 일리가 있지만 결국 정부와 여당의 관계를 기준으로 생각할 수밖에 없는 게 사실이다. 국정운영동력의 상실을 방지하기 위해선 청와대는 언제나 여당을 통제할 수 있는 수단을 고려하지 않을 수 없는데 정치인 출신의 입각을 통해 그 수단을 여러모로 구비할 수 있지 않겠느냐는 전망이다. 그런데 역대 청와대의 구성을 보면 특별히 청와대 비서실장이 유례없이 강력한 통제력을 발휘하지 않더라도 <u>관료제</u> 구조 자체가 갖는 특성 덕에 국정 운영에 큰 무리가 오는 상황은 없었다. 김기춘 비서실장의 교체가 정권의 구조 전체를 바꾸는 작업으로 이어지는 것처럼 보이는 것에 우려와 의문이 제기되는 이유가 여기에 있다. 뒤집어 말하면 이런 일련의 작업들은 오히려 '김기춘 없는 청와대'를 상상할 수 없는, 핵심 권력의 자신감 부족을 보여주는 것일 수밖에 없다는 것이다. 겉보기에 박근혜 정권은 지지율이 얼마가 나오든 권위주의적 태도로 일관하고 있는 것처럼 보이지만 그 속내를 보면 상당히 초조한 상태에서 최악의 상황까지 고려한 준비를 하고 있을지도 모른다는 얘기다. 무려 집권 3년차, 아직 채 반환점을 돌지도 않은 상황에 이런 상태까지 왔다는 건 대통령과 그 주변의 '핵심권력그룹'에 심각한 문제가 있다는 방증이다. 그런데 이 '핵심권력그룹'의 문제를 언급하는 것조차 이제는 쉽지 않은 일이다. 왜냐하면 문고리 권력 3인방을 제외하고 7인회, 정윤회, 국가미래연구원 등 그간 박근혜 대통령의 주변 권력들로 간주돼왔던 존재들이 하나같이 '밀려났다'고 스스로를 평가하고 있기 때문이다.

① 태도 및 대인관계의 개인성
② 규제 및 표준화된 운용절차에 있어서의 일관된 시스템
③ 기술적 능력에 따른 승진을 토대로 평생의 경력관리
④ 관리스태프는 생산수단의 소유자가 아니다.
⑤ 과업 전문화에 기반한 체계적인 노동의 분화

> ✔ **해설** 관료제의 특성
> ㉠ 태도 및 대인관계의 비개인성
> ㉡ 규제 및 표준화된 운용절차에 있어서의 일관된 시스템
> ㉢ 기술적 능력에 따른 승진을 토대로 평생의 경력관리
> ㉣ 관리스태프는 생산수단의 소유자가 아니다.
> ㉤ 과업 전문화에 기반한 체계적인 노동의 분화
> ㉥ 안정적이면서 잘 다듬어진 권한의 계층

14 조직행동론에서 구체적인 목표는 여러 의존적 변수(Dependent Variables)들을 어떠한 좋은 방향으로 관리할 것인가에 달려 있는데, 이에 해당하지 않는 것은 무엇인가?

① 결근여부
② 생산성
③ 급여
④ 직업만족도
⑤ 이직

> ✔해설 조직행동론에서의 의존적 변수
> ㉠ 결근여부
> ㉡ 생산성
> ㉢ 이직
> ㉣ 직업만족도

15 다음 중 인간관계론의 한계를 잘못 설명한 것은?

① 사회적, 심리적인 욕구 충족에 따른 성과의 불투명
② 직무자체에 있어서의 동기부여 기능 및 역할의 무시
③ 경제적, 합리적인 요인의 중시
④ 지나친 비공식 조직의 중시
⑤ 관리자의 배제, 생산자 중심의 연구

> ✔해설 인간관계론의 한계
> ㉠ 지나친 비공식 조직의 중시
> ㉡ 경제적, 합리적인 요인의 경시
> ㉢ 조직권의 폐쇄성
> ㉣ 사회적, 심리적인 욕구 충족에 따른 성과의 불투명
> ㉤ 관리자의 배제, 생산자 중심의 연구
> ㉥ 직무자체에 있어서의 동기부여 기능 및 역할의 무시

Answer 13.① 14.③ 15.③

16 다음의 기사를 읽고 밑줄 친 부분의 영향요인으로 보기 어려운 것을 고르면?

> 회사에 입사한 신입사원 중 직무에 만족하는 직원은 10명 중 1명꼴인 것으로 나타났다. 20일 한국직업능력개발원에 따르면 지난해 8~10월 입사한지 2년이 채 안 되는 297개 기업 516명을 대상을 조사한 결과 이 같이 나타났다. 직무에 만족하는 직원은 전체의 12.4%에 그쳤다. 직장을 옮기려는 직원이 13.8%였다. 소명의식이 높은 직원은 17.4%에 불과했다. <u>직무만족</u>은 300인 미만 중소기업 직원들이 12.9%인 반면 300인 이상 기업의 신입사원은 9.6%만 직무에 만족했다. 이직하려는 신입사원은 중소기업이 13.1%였고, 300인 이상 기업에선 17.8%였다. 이는 중소기업이 상대적으로 임금, 복지혜택 등 근로조건이 나쁘기 때문으로 풀이된다. 기업 특성별로는 제조업 신입사원의 소명의식이 18.1%로 서비스업(17.5%)보다 높고 직무에 더 만족(15.3%, 11.5%)하는 것으로 나타났다. 특히 교육훈련을 실시, 지원하는 기업에서 신입사원의 직무만족도가 18.7%로 실시하지 않는 곳(13.6%)보다 높았다. 직무만족도 역시 13.3%로 미실시 기업(9.7%)을 웃돌았다. 이직의도의 경우 교육훈련을 실시하는 기업이 11.1%인 반면, 미실시 기업은 24.3%에 달했다. 오계택 직능원 부연구위원은 "소명의식이 높을수록 직무만족도는 낮고 이직의도는 낮다"며 "교육훈련이 중소기업에서 신입사원의 장기근속에 도움이 될 수 있다는 것을 시사하는 만큼, 적극적인 교육훈련 지원정책이 필요하다"고 제언했다.

① 가치관
② 성격
③ 경제적인 영향요인
④ 근무환경
⑤ 사회적인 영향요인

✔ **해설** 직무만족의 영향요인
  ㉠ 가치관 (Values)
  ㉡ 성격 (Personality)
  ㉢ 근무환경 (Working Situation)
  ㉣ 사회적 영향요인 (Social Influence)

17 다음의 글을 읽고 문맥 상 괄호 안에 공통적으로 들어갈 말로 가장 적절한 것은?

> (   )가 높은 사람은 자신의 기술과 문제해결 능력과 관련해 도전의식을 주는 과업에 끌린다. 다시 말해 자신의 개별적인 노력에 따라 성과가 좌우되는 과업을 선호하는 것이다. 이들은 과업수행 혹은 과업 자체에서 만족을 구하려고 한다. (   )가 큰 사람은 경영자보다 자기 사업을 하는 기업가 역할에 더 적당하다.

① 친교욕구
② 성취욕구
③ 권력욕구
④ 소유욕구
⑤ 경쟁욕구

✔ 해설 성취욕구가 높은 사람은 자신의 기술과 문제해결 능력과 관련해 도전의식을 주는 과업에 끌린다. 다시 말해 자신의 개별적인 노력에 따라 성과가 좌우되는 과업을 선호하는 것이다. 이들은 과업수행 혹은 과업 자체에서 만족을 구하려고 한다. 성취욕구가 큰 사람은 경영자보다 자기 사업을 하는 기업가 역할에 더 적당하다.

18 다음 직무분석의 방법에 관한 설명 중 바르지 않은 것은?

① 평가요소로 구분하여 각 요소별로 그 중요도에 따른 점수를 준다.
② 직무의 모든 측면을 파악할 수 있는 질문서를 작성하여 직무수행자로 하여금 기입하도록 하여 직무를 분석하는 방법이다.
③ 직무분석자 간 직무수행자를 직접 관찰하여 직무를 분석하는 방법이다.
④ 직무분석자가 직접 직무를 수행함으로써 실증자료를 얻는 방법으로 가장 우수한 방법이나 현실적으로 사용하기 힘들다.
⑤ 종업원의 직업 활동을 작업 일지에 기록하게 하여 그것으로부터 직무에 관한 정보를 얻는 방법이다.

✔ 해설 ① 직무평가중 요소비교법에 관한 설명이다.

19 다음 중 X이론에 대한 설명으로 보기 어려운 것은?

① 대다수의 인간은 만족감을 얻게 되면 스스로 일하려 하는 경향을 보인다.
② 지시에 따르기를 거부하는 경향을 보인다.
③ 변화에 대해 거부하여 저항하는 경향을 보인다.
④ 자기중심적이고 조직의 요구에 무관심한 경향을 보인다.
⑤ 양심 및 책임지기를 싫어하는 경향을 보인다.

> ✔해설 대다수의 인간은 만족감을 얻게 되면 스스로 일하려 하는 경향을 보이는 것은 Y이론의 내용이다.

20 다음 중 매슬로우의 욕구 단계설에 따른 욕구를 아위 단계부터 바르게 나열한 것은?

① 생리적 욕구→사회적 욕구→안전의 욕구→존경의 욕구→자아실현의 욕구
② 생리적 욕구→존경의 욕구→안전의 욕구→사회적 욕구→자아실현의 욕구
③ 생리적 욕구→안전의 욕구→사회적 욕구→존경의 욕구→자아실현의 욕구
④ 생리적 욕구→사회적 욕구→존경의 욕구→안전의 욕구→자아실현의 욕구
⑤ 생리적 욕구→존경의 욕구→사회적 욕구→안전의 욕구→자아실현의 욕구

> ✔해설 매슬로우의 욕구 단계설 과정…생리적 욕구→안전의 욕구→사회적 욕구→존경의 욕구→자아실현의 욕구

21 다음 중 Mcclleland의 성취동기이론에 대한 설명으로 바르지 않은 것은?

① 인간의 욕구에 기초해서 동기화를 설명하는 이론이다.
② 인간 행위에 대한 동기부여의 잠재력을 개인의 욕구에서 찾고 있다.
③ 경영측면에서 성취동기이론이 중소기업을 창설하고 발전시키는데 있어 원동력이 무엇인가를 설명해주고 있다.
④ 성취동기 이론의 경우 개도국에서 그 적용가능성이 매우 높다고 할 수 있다.
⑤ 성취욕구, 권력욕구, 친교욕구 등을 제시하였고 그 중에서도 특히 권력 욕구를 강조하고 있다.

> ✔해설 성취욕구, 권력욕구, 친교욕구 등을 제시하였고 그 중에서도 특히 성취 욕구를 강조하고 있다.

22 다음 중 기대이론에 대한 설명으로 바르지 않은 것은?

① 수단성이론, 기대 - 유의성이론 이라고도 한다.
② 성과 = F [M(모티베이션) × A(능력)]으로 나타낸다.
③ 기대이론은 내용구성이 단순하여 검증자체가 용이하다.
④ 기대이론은 개인목표와 조직목표를 합치시키기 위한 많은 전략과 전술을 제시해 주고 있다.
⑤ 동기부여(M) = 기대(E) × 수단성(I) × 유의성(V)으로 나타낸다.

> ✔해설 기대이론은 내용구성이 복잡한 관계로 검증자체가 어렵다는 문제점이 있다.

23 동기부여는 개인의 내부에만 국한된 것이 아니라 환경 혹은 타인과의 접촉이나 관계에 의해서도 발생한다고 주장하는 이론을 무엇이라고 하는가?

① Cognitive Evaluation Theory
② Interaction Theory
③ Goal Setting Theory
④ Equity Theory
⑤ Expectancy Theory

> ✔해설 상호작용이론(Interaction Theory)에 의하면 인간을 동기화시키는 가치가 그의 내부 욕구에서 나오는 것이 아니라 외부와의 상호작용 과정에서 결정된다고 한다.

24 다음 중 개인이 자신의 일을 유능하게 수행할 수 있다는 느낌을 갖도록 하는 활동과 그 결과 그렇게 되는 것을 가리키는 것으로 개인이 일을 하는 과정에서 지속적으로 주도권을 행사하는 것을 중시하는 것을 무엇이라고 하는가?

① Expectancy Theory
② Equity Theory
③ Goal Setting Theory
④ Empowerment
⑤ Interaction Theory

> ✔해설 임파워먼트(Empowerment)는 개인이 업무수행을 유능하게 수행할 수 있다는 자신감, 에너지 활력 등의 느낌을 갖도록 하는 활동과 그 결과로 자발적인 자신감을 형성하게 하는 내재화된 몰입을 강조하는 동기부여 이론이다.

Answer 19.① 20.③ 21.⑤ 22.③ 23.② 24.④

25 갈등관리 기법인 토머스-킬만의 갈등관리 모델에 관한 설명이 아닌 것은?

① 협력기법 - 대립과 협조를 동시에 추구하는 것이다. 갈등을 무시하거나, 갈등의 해결책을 규범적으로 적용하는 것이다.
② 회피기법 - 갈등이 표면화되는 것을 봉쇄하는 것이다. 갈등을 무시하거나, 갈등의 해결책을 규범적으로 적용하는 것이다.
③ 경쟁기법 - 대립적이지 않으며, 협조적인 방법이다. 상대방의 이익과 욕구를 위해 자신의 이익을 무시하거나 포기한다.
④ 타협기법 - 대립과 협동의 중간 형태로서 집단 간 갈등 상황에서 임시방편, 편의주의적 효과 등의 목적에 사용하는 방법이다.
⑤ 순응기법 - 순응한다는 의미는 자신의 이익에 개의치 않는다는 것으로서, 자기희생이 요구되는 방법이다.

> **해설** 경쟁기법: 자신의 이익, 주장, 관심을 다른 집단의 비용을 통해 관철하는 방법이다. 이것은 권력에 근거한 갈등관리 기법이다.

26 다음 중 리더십 특성이론에 대한 설명으로 잘못된 것은?

① 연구가 진행될수록 특성요인의 수가 많아진다.
② 연구가 진행될수록 특성 간 연관성이 높아진다.
③ 리더의 특성만으로는 리더십 과정을 이해하는데 한계가 있다.
④ 계층과 지위에 따라서 경영에 상이한 자질과 특성을 필요로 한다.
⑤ 여러 특성들이 실제 리더십을 발휘하는데 밀접한 관계가 없다는 실증적 연구들이 제시되고 있다.

> **해설** 연구가 진행될수록 특성 간 연관성이 없다.

27 다음 중 동기부여의 중요성으로 보기 어려운 것은?

① 조직 구성원 개개인으로 하여금 과업수행에 대한 자신감 및 자긍심을 지니게 한다.
② 변화에 대한 구성원들의 저항을 줄이며, 자발적인 적응을 촉진하게 함으로서 조직의 변화를 용이하게 하는 추진력이 된다.
③ 개인의 동기부여는 경쟁우위 원천으로서의 사람의 중요성이 커지는 가운데 기업경쟁력 강화의 핵심 수단이 된다.
④ 개인의 자발적인 업무수행노력을 촉진해서 구성원들로 하여금 직무만족 및 생산성을 높이고 나아가 조직유효성을 제고시키게 된다.
⑤ 조직 구성원들이 소극적이면서 수동적으로 업무를 수행하게 함으로써 구성원들의 자아실현을 할 수 있는 기회를 부여한다.

> ✅ **해설** 동기부여는 조직 구성원들이 적극적이고, 능동적으로 업무를 수행하게 함으로써 자아실현을 할 수 있는 기회를 부여하는 역할을 한다.

28 다음 내용은 X이론에 대한 설명으로 바르지 않은 것은?

① 변화에 대해서 싫어하여 저항하는 경향을 보인다.
② 대다수의 사람들은 게으르고 일하기를 싫어하는 경향을 보인다.
③ 타인중심적이고 조직의 요구에 많은 관심을 가지는 경향을 보인다.
④ 양심도 없고 책임지기를 싫어하는 경향을 보인다.
⑤ 지시에 따르는 걸 좋아하는 경향을 보인다.

> ✅ **해설** X이론에서는 사람이 자기중심적이고 조직요구에 무관심한 경향을 보인다.

Answer 25.③ 26.② 27.⑤ 28.③

29 다음 중 Y이론에 대한 설명으로 바르지 않은 것은?

① 자기행동을 스스로 규제한다.
② 무조건 조직의 요구에 수동적이거나 반항적이다.
③ 사람이 만족감을 가지게 될 경우 자연적으로 일하려 한다.
④ 적절한 상황에서는 책임을 지려는 욕구까지 있다.
⑤ 이러한 경우에서의 관리방식은 상관 및 부하의 관계를 상호의존적 관계로 만드는 민주적인 리더십과 권한위임을 형성하여야 한다.

> **해설** Y이론에서는 무조건 조직의 요구에 수동적이거나 반항적이 아니다.

30 다음은 매슬로우의 욕구단계설에 대한 내용이다. 이 중 가장 옳지 않은 것은?

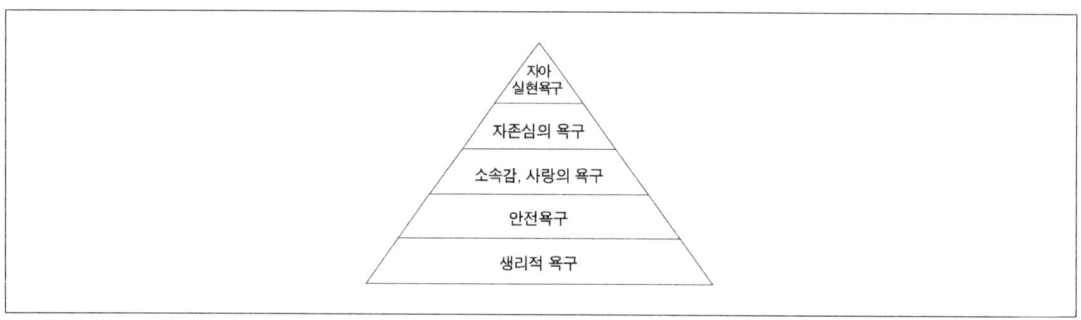

① Maslow는 인간의 욕구를 5단계로 구분하고, 하위단계 욕구가 충족되지 않아도 상위의 다음 단계의 욕구로 이동할 수 있다고 보고 있다.
② 생리적 욕구는 인간이라면 누구나 충족해야 하는 인간에게 있어 가장 저차원 단계의 욕구를 말한다.
③ 안전의 욕구는 직무환경으로부터의 안전 및 생활의 안정과 같은 욕구를 의미한다.
④ 소속감 및 사랑의 욕구는 집단 또는 사회조직의 일원으로 소속되어 타인과 유대관계를 형성하고 어울리고 싶어 하는 욕구를 의미한다.
⑤ Maslow는 각각의 계층 욕구가 만족됨에 따라 이전 단계의 욕구는 더 이상 동기유발의 역할을 하지 못하게 되고 다음 단계의 욕구가 행동의 동기유발을 한다고 가정하고 있다.

> **해설** Maslow는 인간의 욕구를 5단계로 구분하고 하위단계 욕구가 충족되어야 다음 단계의 상위욕구로 이동할 수 있다고 보고 있다.

31 다음 성과배분제도 중 성격이 다른 하나는?

① 럭커플랜
② 링컨플랜
③ 스캔런플랜
④ 프랜치 시스템
⑤ 종업원 지주제도

✔해설 ①②③④는 공장단위의 성과배분제도에 속하며, ⑤는 일반적 성과배분제도에 속한다.

32 다음 중 Maslow의 욕구 단계설을 수정해서 인간의 욕구를 존재욕구(Existence Needs), 관계욕구(Relatedness Needs), 성장욕구(Growth Needs)의 3단계로 구분한 ERG이론을 제시한 학자는?

① Simon
② Locke
③ Mcclleland
④ Alderfer
⑤ Kotler

✔해설 Alderfer는 1970년대 초 Maslow의 욕구단계설을 수정해서 인간의 욕구를 존재욕구, 관계욕구, 성장욕구의 3단계로 구분한 ERG이론을 제시하였다.

33 다음 Mcclleland의 성취동기이론에서 가장 강조되는 욕구는 무엇인가?

① 성격욕구
② 존경욕구
③ 성취욕구
④ 친교욕구
⑤ 권력욕구

✔해설 맥클레랜드(Mcclelland)는 인간의 모든 욕구는 학습되며 행위에 영향을 미치는 잠재력을 지닌 욕구들의 서열은 개인마다 다르다고 주장하면서 개인의 욕구 중 사회 문화적으로 습득된 욕구로서 성취욕구, 권력욕구, 친교욕구 등을 제시하였고 그 중에서도 특히 성취 욕구를 강조하였다.

Answer 29.② 30.① 31.⑤ 32.④ 33.③

34 다음 Herzberg의 2요인 이론 중 위생요인에 해당하지 않는 것을 고르면?

① 개인 간 인간관계
② 작업조건
③ 안정감
④ 임금
⑤ 회사의 정책 및 방침

> ✔해설 Herzberg의 2요인 이론 중 위생요인
> ㉠ 작업조건
> ㉡ 회사의 정책과 방침
> ㉢ 감독 스타일
> ㉣ 개인 간 인간관계
> ㉤ 임금

35 다음 중 직무분석에서 다루고 있는 개념들에 대한 설명으로 가장 옳지 않은 것을 고르면?

① 직위는 특정 개인에게 부여된 모든 과업의 집단을 말한다.
② 직무는 작업의 종류 및 수준이 비슷한 직위들의 집단을 말한다.
③ 직군은 비슷한 종업원의 특성을 요구하거나 또는 비슷한 과업을 포함하고 있는 두 가지 이상 직무의 집단을 말한다.
④ 과업은 기업 조직에서 독립된 목적으로 수행되는 하나의 명확한 작업 활동을 말한다.
⑤ 직무기술서는 직무분석의 결과를 토대로 특정한 목적의 관리절차를 구체화하는 데 있어 편리하도록 정리한 것을 말한다.

> ✔해설 직무기술서는 직무분석의 결과를 토대로 직무수행과 관련된 과업 및 직무행동을 일정한 양식에 따라 기술한 문서를 말한다.

36 다음 중 Herzberg의 2요인 이론의 동기요인에 속하지 않는 것은?

① 성장 및 발전
② 도전감
③ 개인 간 인간관계
④ 책임감
⑤ 성취감

> ✔해설 Herzberg의 2요인 이론 중 동기요인
> ㉠ 직무자체
> ㉡ 성취감
> ㉢ 책임감
> ㉣ 안정감
> ㉤ 성장 및 발전
> ㉥ 도전감

37 다음 내용을 읽고 괄호 안에 들어갈 말을 순서대로 바르게 나열한 것은?

임금관리 3요소	내용	분류 (대상)
임금수준	(㉠)	생계비 수준, 사회적 임금수준, 동종업계 임금수준 감안
임금체계	(㉡)	연공급, 직능급, 성과급, 직무급
임금형태	(㉢)	시간제, 일급제, 월급제, 연봉제

① ㉠ 적정성, ㉡ 합리성, ㉢ 공정성
② ㉠ 합리성, ㉡ 공정성, ㉢ 적정성
③ ㉠ 적정성, ㉡ 공정성, ㉢ 합리성
④ ㉠ 합리성, ㉡ 적정성, ㉢ 공정성
⑤ ㉠ 공정성, ㉡ 합리성, ㉢ 적정성

✔ 해설 임금관리의 요소

임금관리 3요소	내용	분류 (대상)
임금수준	적정성	생계비 수준, 사회적 임금수준, 동종업계 임금수준 감안
임금체계	공정성	연공급, 직능급, 성과급, 직무급
임금형태	합리성	시간제, 일급제, 월급제, 연봉제

38 다음 중 거래적 리더십에 대한 설명으로 바르지 않은 것은?

① 구성원들이 규칙 및 관례에 따르기를 선호한다.
② 구성원들에게 즉각적이면서도 가시적인 보상으로 동기를 부여한다.
③ 소극적인 성격을 지닌다.
④ 리더십 요인으로는 업적에 의한 보상 등이 있다.
⑤ 장기적인 효과 및 가치를 창조하는 데 관심을 두고 있다.

✔ 해설 거래적 리더십은 단기적이면서 효율성과 타산에 관심을 지니고 있다.

Answer 34.③ 35.⑤ 36.③ 37.③ 38.⑤

39 다음 중 아래의 표와 연관되는 내용으로 보기 어려운 것을 고르면?

직무번호		직무명		소속	
직군		직종		등급	
직무개요					

▲ 수행요건

일반요건	남녀별적성		최적연령범위	
	기초학력		특수자격	
	전공계열		전공학과	
	필요숙련기간		전환/가능부서/직무	
	기타			
소요능력	지식	종류	세부내용 및 소요정도	
	학술적지식			
	실무적지식			

① 주로 인적요건에 초점을 두고 있다.
② 구성원들이 직무분석의 결과를 토대로 만들어진 것이다.
③ 통상적으로 기업 조직에서 업무를 세분화 및 구체화해서 구성원들의 능력에 따른 업무 범위를 적절히 설정하고 생산성을 높이기 위한 수단으로 사용된다.
④ 이에 해당하는 기본요건으로는 간결성, 명확성, 일관성, 완전성 등이 있다.
⑤ 위 그림은 직무의 수행과 관련한 과업 및 직무행동 등을 일정한 양식에 따라 기술한 문서를 의미한다.

✔해설 위 표는 직무기술서에 대한 것으로, 직무기술서는 주로 과업요건에 초점을 맞추고 있다.

40 다음 중 아래의 그림과 관련된 설명으로 보기 어려운 것을 고르면?

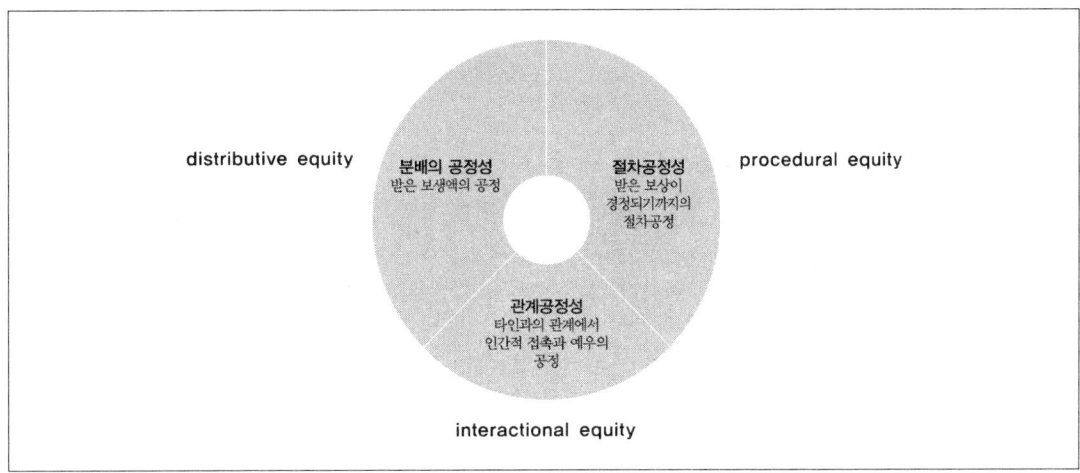

① 위 그림과 관련되는 조직공정성의 3가지 측면은 분배적, 절차적, 관계적 공정성이다.
② 분배적 공정성은 회사 조직의 자원을 구성원들 사이에 공평하게 분배했느냐의 문제를 말한다.
③ 절차적 공정성은 회사 조직의 의사결정과정이 공정했느냐의 여부를 말한다.
④ 개인이 불공정성을 지각하면 대개 부족한 보상에 따른 불만이나 과다한 보상에 따른 부담감이나 불안감을 나타내어 불공정성을 증가시키는 방향으로 동기부여 된다.
⑤ 관계적 공정성은 인간관계에서 인간적인 대우를 포함한 질적인 차원에서의 공정성을 말한다.

> **해설** 개인이 불공정성을 지각하면 대개 부족한 보상에 따른 불만이나 과다한 보상에 따른 부담감이나 불안감을 나타내어 불공정성을 감소시키는 방향으로 동기부여 된다.

Answer 39.① 40.④

41 직무충실화에 대한 설명으로 옳지 않은 것은?

① 매슬로우의 욕구단계론과 허즈버그의 2요인 이론 등이 이론의 기반이 된다.
② 직무의 기술수준이 높고 과업의 종류가 다양하며 개인에게 자율성이 많이 부여될수록 낮은 성과를 얻을 수 있다.
③ 사회기술적 접근방법에 해당한다.
④ 작업을 수행하는 과정에서 해당 직무수행과 성과에 책임성이 강하게 요구되나 수행과정에서 자율성이 보장된다.
⑤ 종업원이 일에 대한 보람과 자아성취감을 느끼게 되고, 동기부여를 하여 생산성을 향상시키게 된다.

> **해설** 직무의 기술수준이 높고 과업의 종류가 다양하며 개인에게 자율성이 많은 부여될수록 높은 성과를 얻을 수 있다.

42 다음 괄호 안에 들어갈 말을 순서대로 바르게 나열한 것은?

> (㉠)은/는 직무분석자가 직무수행을 하는 종업원의 행동을 관찰한 것을 토대로 직무를 판단하는 것을 말하고, (㉡)은/는 해당 직무를 수행하는 종업원과 직무분석자가 서로 대면해서 직무정보를 취득하는 방법을 말하며, (㉢)은/는 질문지를 통해 종업원에 대한 직무정보를 취득하는 방법을 말한다.

① ㉠ 관찰법, ㉡ 워크샘플링법, ㉢ 중요사건서술법
② ㉠ 관찰법, ㉡ 작업기록법, ㉢ 질문지법
③ ㉠ 관찰법, ㉡ 중요사건서술법, ㉢ 질문지법
④ ㉠ 관찰법, ㉡ 면접법, ㉢ 질문지법
⑤ ㉠ 관찰법, ㉡ 워크샘플링법, ㉢ 질문지법

> **해설** 관찰법은 직무분석자가 직무수행을 하는 종업원의 행동을 관찰한 것을 토대로 직무를 판단하는 것을 말하고, 면접법은 해당 직무를 수행하는 종업원과 직무분석자가 서로 대면해서 직무정보를 취득하는 방법을 말하며, 질문지법은 질문지를 통해 종업원에 대한 직무정보를 취득하는 방법을 말한다.

43 다음 중 직무만족에 대한 설명으로 가장 거리가 먼 것은?

① 직무만족이 높은 사람일수록 직장을 그만둘 확률이 낮다.
② 직무만족이 높을수록 조직시민행동이 적게 나타난다.
③ 직무만족은 개인이 직무나 직무경험에 대한 평가의 결과로 얻게 되는 감정의 상태이다.
④ 직무만족은 사람, 문화에 따라 어느 차원에 대한 만족을 더 중요시 하는가가 다르다.
⑤ 직무만족은 단일 파원이 아닌 다차원의 개념이며 조직의 다양한 성과요인들과 관련된다.

✔해설 직무만족이 높을수록 조직시민행동이 많이 나타나게 된다.

44 다음은 구성원들의 조직행위에 있어 수행해야 하는 직무와 관련한 내용들이다. 내용을 읽고 괄호 안에 들어갈 말을 순서대로 바르게 짝지어진 것은?

> (㉠)은/는 수행되어야 할 과업에 초점을 두며, 이는 직무분석의 결과를 토대로 직무수행과 관련된 과업 그리고 직무행동을 일정한 양식에 기술한 문서를 의미하고, (㉡)은/는 인적요건에 초점을 두며, 이는 직무분석의 결과를 토대로 직무수행에 필요로 하는 작업자들의 적성이나 기능 또는 지식, 능력 등을 일정한 양식에 기록한 문서를 의미한다.

① ㉠ 직무평가서, ㉡ 직무명세서
② ㉠ 직무명세서, ㉡ 직무평가서
③ ㉠ 직무명세서, ㉡ 직무기술서
④ ㉠ 직무기술서, ㉡ 직무명세서
⑤ ㉠ 직무기술서, ㉡ 직무평가서

✔해설 직무기술서는 수행되어야 할 과업에 초점을 두며, 이는 직무분석이 결과를 토대로 직무수행과 관련된 과업 그리고 직무행동을 일정한 양식에 기술한 문서를 의미하고, 직무명세서는 인적요선에 초점을 두며, 이는 직무분석의 결과를 토대로 직무수행에 필요로 하는 작업자들의 적성이나 기능 또는 지식, 능력 등을 일정한 양식에 기록한 문서를 의미한다.

Answer 41.② 42.④ 43.② 44.④

45 다음은 직무평가의 방법 중 Ranking Method에 대한 것이다. 이에 대한 내용으로 틀린 것은?

① 직무평가의 방법 중에서 가장 간편한 방법이다.
② 적은 비용으로 평가가 가능한 방식이다.
③ 평가대상의 직무수가 많으면, 활용하기가 곤란하다는 문제가 있다.
④ 절대적 성과차이를 구별할 수 있다.
⑤ 평가 시에는 평가자의 주관이 개입될 수 있다.

> **해설** 서열법(Ranking Method)은 절대적 성과차이를 구별할 수 없다.

46 다음은 Point Rating Method에 대한 설명이다. 이 중 가장 잘못된 서술은?

① 직무를 여러 가지 구성요소로 나누어 중요도에 따라 각 요소들에 점수를 부여한 후, 점수를 합산하여 해당 직무에 대한 전체 점수를 산출해서 평가하는 방식이다.
② 각 평가요소를 선정하는데 있어 많은 시간 및 노력 등이 소요된다.
③ 구성원 및 감독자 모두가 쉽게 이해할 수 있다.
④ 각 평가요소의 가중치를 산정하는데 있어 어려움이 있다.
⑤ 직무평가의 방법 중 비량적 방식에 속한다.

> **해설** 점수법(Point Rating Method)은 직무평가의 방법 중 양적 방식에 속한다.

47 조인트 벤처(Joint Venture)에 관한 설명 중 바르지 않은 것은?

① 동일지역 또는 인접지역에 있는 서로 관련성이 있는 여러 업종의 기업이 자원의 다각적 이용을 위해 생산 기술적 입장에서 유기적으로 결합한 기업결합체이다.
② 기업이 채산이 맞지 않은 사업 혹은 불필요한 생산라인 등을 처분, 매각하는 경영전략이다.
③ 여러 나라에 걸쳐 영업 내지 제조 거점을 가지고 국가적, 정치적 경계에 구애됨이 없이 세계적인 범위와 규모로 영업을 하는 기업을 의미한다.
④ 기업이 인수, 합병에 의하여 상호 관련이 없는 이종기업을 결합하는 기업집중 형태를 의미한다.
⑤ 공동출자회사로서 2인 이상의 사업자가 공동계산에 의해 손익을 분담키로 하고 공동사업을 영위하는 것을 의미한다.

> **해설** ① 콤비나트, ② 디베스티처, ③ 다국적기업, ④ 컨글로머릿

48 프렌치(J. R. P. French)와 레이븐(B.H. Raven)은 개인이 갖는 권력의 원천을 다섯 가지로 구분하였는데, 이에 속하지 않는 것은?

① 자율적 권력
② 보상적 권력
③ 합법적 권력
④ 준거적 권력
⑤ 전문적 권력

> ✔해설 프렌치(J. R. P. French)와 레이븐(B.H. Raven)이 말하는 권력의 원천
> ㉠ 보상적 권력
> ㉡ 강압적 권력
> ㉢ 합법적 권력
> ㉣ 준거적 권력
> ㉤ 전문적 권력

49 다음 내용을 읽고 괄호 안에 들어갈 말로 적절한 것을 순서대로 바르게 배열한 것을 고르면?

> (㉠)은 리더는 집단을 위하여 상황을 규정. 진단하고, (㉡)은 리더는 규정된 상황을 해결하기위하여 집단이 취해야할 행동을 처방해 주거나 집단을 대표하여 취할 수 있는 행동을 제시하는 기능을 지니며, (㉢)은 리더는 그들이 주도하는 집단에 대한 상황규정과 그들이 처방한 행동계획에 대하여 집단의 전폭적인 지지 또는 유력한 지지를 획득해야 한다.

① ㉠ 진단적 기능, ㉡ 처방적 기능, ㉢ 동원 기능
② ㉠ 진단적 기능, ㉡ 동원 기능, ㉢ 처방적 기능
③ ㉠ 동원 기능, ㉡ 진단적 기능, ㉢ 처방적 기능
④ ㉠ 동원 기능, ㉡ 처방적 기능, ㉢ 진단적 기능
⑤ ㉠ 처방적 기능, ㉡ 동원 기능, ㉢ 진단적 기능

> ✔해설 진단적 기능은 리더는 집단을 위하여 상황을 규정. 진단하고, 처방적 기능은 리더는 규정된 상황을 해결하기위하여 집단이 취해야할 행동을 처방해 주거나 집단을 대표하여 취할 수 있는 행동을 제시하는 기능을 지니며, 동원 기능은 리더는 그들이 주도하는 집단에 대한 상황규정과 그들이 처방한 행동계획에 대하여 집단의 전폭적인 지지 또는 유력한 지지를 획득해야 한다.

Answer 45.④ 46.⑤ 47.⑤ 48.① 49.①

CHAPTER 03 생산관리

1 다음 공급사슬관리(SCM)에 관한 설명중 바르지 않은 것은?

① 고객으로부터 공급사슬의 상류로 가면서 최종소비자의 수요변동에 따른 수요변동폭이 증폭되어 가는 현상이 채찍효과이다.
② 공급사슬 성과측정치 중 하나인 재고회전율은 연간 매출원가를 평균 총 재고가치로 나눈 것이다.
③ 효율적인 공급사슬의 설계를 위해서는 제품개발의 초기단계부터 물류를 고려한 설계개념을 적용할 필요가 있다.
④ 회사 내부활동의 일부를 외부에 이전하는 활용을 아웃소싱이라 한다.
⑤ 표준화된 단일 품목에 대한 고객수요를 최대한 확대하는 방향으로 공급 네트워크를 구성하는 것이 대량 고객화 전략이다.

> ✔해설 표준화된 품목이 아니라 각 고객들에서 서로 다르게 고객화된 제품과 서비스를 공급하는 것이 대량 고객화 전략이다.

2 아래 그림은 ABC 분석을 이용한 진열 관리를 나타내고 있다. 빈 칸 ㉠-㉡-㉢에 적합한 진열관리 의사결정이 모두 맞는 것을 고르면?

매출액/총이익		총이익에 대한 기여		
		A	B	C
총매출액에 대한 기여	A	㉠	하단 대량진열	㉡
	B		중하단	
	C	㉢	상단, 타 상품과 관련 진열	
	Z		취급중단	

① ㉠ 눈높이 하단 – ㉡ 황금매대 외에 진열 – ㉢ 상단, 충동구매 유발
② ㉠ 눈높이 하단 – ㉡ 상단, 충동구매 유발 – ㉢ 황금매대 외에 진열
③ ㉠ 상단, 충동구매 유발 – ㉡ 눈높이 하단 – ㉢ 황금매대 외에 진열
④ ㉠ 상단, 충동구매 유발 – ㉡ 황금매대 외에 진열 – ㉢ 눈높이 하단
⑤ ㉠ 눈높이 하단 – ㉡ 하단, 충동구매 유발 – ㉢ 황금매대 내에 진열

해설 ABC 분석기법은 파레토 법칙, 또는 20-80 법칙 등을 기반으로 하여 제품관리 및 진열 관리를 하는 방법인데, 이는 각 품목이 기업의 이익에 미치는 영향을 고려하여 품목의 가치 및 중요도 등을 분석하고, 품목을 세 그룹으로 구분한 후 각기 다른 수준의 관리방법을 적용하게 되는 방식이다. ㉠의 경우에는 이익 및 매출액 모두에 대한 기여가 가장 높은 A품목이므로 눈에 잘 띄는 눈높이 하단(골든 존)에 진열한다. ㉡의 경우에는 매출액 기여도는 높지만 이익 기여도는 낮으므로 황금매대(골든 존) 외에 진열한다. ㉢의 경우에는 매출액 기여도는 낮지만 이익기여도가 높은 고가의 품목이므로 상단에 진열하여 충동구매를 유발하도록 한다.

3 다음 총괄생산계획의 결정변수에 해당하는 것으로 볼 수 없는 것은?

① 재고수준
② 비용수준
③ 하도급
④ 노동인력의 조정
⑤ 생산율의 조정

해설 총괄생산계획의 결정변수로는 재고수준, 하도급, 노동인력의 조정, 생산율의 조정 등이 있다.

4 인쇄소에 대기작업이 3개 있고, 이들의 예상 작업시간과 납기시간은 다음 표와 같다.

작업	작업시간	납기시간
가	4	6
나	4	5
다	5	9

긴급률(critical ratio) 규칙에 따라 작업을 진행하였다면 평균 납기지연시간은?

① 1.5시간
② 2.0시간
③ 2.5시간
④ 3.5시간
⑤ 4.0시간

해설 긴급률은 현재부터 납기일까지 남은 기간을 앞으로 남은 작업 소요 기간으로 나눈 비율로, 1보다 크면 작업 일정에 여유가 있는 것이고, 1보다 작으면 예정보다 일정이 지연되고 있음을 의미한다. 따라서 작업은 나→가→다 순으로 진행하며 평균납기지연시간은 $\frac{0+2+4}{3} = 2$시간이다.

Answer 1.⑤ 2.① 3.② 4.②

5 재고관리 Q시스템에 대한 설명으로 가장 옳지 않은 것은?

① 주기적으로 재고를 보충하기 때문에 관리하기가 쉽다.
② 품목별로 조사 빈도를 달리할 수 있다.
③ 고정 로트크기는 수량할인으로 나타나기도 한다.
④ 안전재고 수준이 낮아져서 비용을 절감할 수도 있다.
⑤ 계속적인 실사를 해야 한다.

> **해설** Q시스템은 정량발주시스템(Fixed-Order Quantity System)으로 재고가 일정수준(발주점)에 이르면 일정발주량(경제적 발주량)을 발주하는 시스템이다.
> ① 정기발주시스템(Fixed-Time Period System)인 P시스템에 대한 설명이다.

6 소품종 대량생산시스템에서 품목의 수를 증대시키기 위해 사용되는 방식은?

① 모듈러 설계
② 제조 용이성 설계
③ 로버스트 설계
④ 재고보충 설계
⑤ 공정 설계

> **해설** 모듈러 설계 … 여러 가지 호환이 가능한 표준화된 모델을 개발·제작하여 최소 종류의 부분품으로 최대 종류의 제품을 생산하고자 하는 방법으로 소품종 대량생산시스템에서 품목의 수를 증대시키기 적합한 방식이다. 대량생산과 제품의 고객화를 실현하는 대량 고객화를 가능하게 한다.

7 재고관리의 P시스템(P-모형)과 Q시스템(Q-모형)에 대한 설명으로 옳은 것은?

① Q시스템은 P시스템보다 일반적으로 더 많은 안전재고가 필요하다.
② P시스템에서는 주문시점마다 주문량이 달라지지만 Q시스템에서는 주문주기가 고정된다.
③ 투-빈(two-bin)법은 재고량을 절반으로 나누어 안전재고를 확보하는 방법으로 P시스템의 내용을 시각화한 것이다.
④ Q시스템은 현재의 재고량을 수시로 조사하여 재주문점 도달여부를 판단해야 하므로 관리부담이 많다.
⑤ P시스템은 재고가 발주점에 이르면 정량을 발주한다.

 Q시스템은 정량발주시스템(Fixed-Order Quantity System), P시스템은 정기발주시스템이다.

8 다음과 같이 순서의 변경이 가능한 7개의 작업요소로 구성된 조립라인에서 시간당 20개의 제품을 생산한다. 공정균형화(Line-Balancing)를 고려한 주기시간(Cycle Time)과 공정효율(Efficiency)은?

작업요소	시간(초)
A	100
B	90
C	45
D	110
E	50
F	100
G	85

① 110초, 약 81%
② 110초, 약 107%
③ 180초, 약 81%
④ 180초, 약 99%
⑤ 180초, 약 95%

- 시간당 20개의 제품을 생산해야 하므로 주기시간은 $\frac{1시간}{20} = \frac{3,600초}{20} = 180초$
- 이론적 최소치 = $\frac{580}{180} = 3.222 ≒ 4개$
- 작업 순서의 변경이 가능하므로 주기시간을 넘지 않는 범위에서 작업을 재구성하면, (A + C) → (B + G) → (D) → (E + F)
- 공정효율 = $\frac{\sum t}{nc} = \frac{580}{4 \times 180} = 0.805\cdots$ 따라서 약 81%

9 다음의 특성을 가지고 있는 집단의사결정 기법은?

> 첫째, 문제가 제시되고 참가자들 간의 대화는 차단된다.
> 둘째, 각 참가자들은 자기의 생각과 해결안을 가능한 한 많이 기록한다.
> 셋째, 참가자들은 돌아가면서 자신의 해결안을 집단을 대상으로 설명하며 사회자는 칠판에 그 내용을 정리한다.
> 넷째, 참가자들이 발표한 내용에 대해 보충설명 등이 추가된다.
> 다섯째, 발표가 끝나면 제시된 의견들의 우선순위를 묻는 비밀투표를 실시하여 최종적으로 해결안을 선택한다.

① 팀빌딩기법
② 브레인스토밍
③ 델파이기법
④ 명목집단기법
⑤ 변증법적 문의법

✔ **해설** 제시된 내용은 명목집단기법에 대한 설명이다. 명목집단기법은 여러 대안들을 마련하고 그중 하나를 선택하는 데 초점을 두는 구조화된 집단의사결정 기법으로, 집단의사결정 기법임에도 불구하고 의사결정이 진행되는 동안 참가자들 간의 토론이나 비평이 허용되지 않기 때문에 '명목'이라는 수식어가 붙었다.
① **팀빌딩기법** : 능력이 우수한 인재들이 모인 집단이 그만한 능력을 발휘하지 못할 때, 그 원인을 찾아 문제를 해결하는 경영기법
② **브레인스토밍** : 어떤 문제의 해결책을 찾기 위해 여러 사람이 생각나는 대로 마구 아이디어를 쏟아내는 방법
③ **델파이기법** : 전문가들을 대상으로 반복적인 피드백을 통한 하향식 의견 도출로 문제를 해결하려는 미래 예측 기법
⑤ **변증법적 문의법** : 상반된 의견이나 견해를 가진 사람들로 구성된 집단 사이에 벌어지는 논쟁으로 헤겔의 삼단논법에서 비롯된 변증법적 사고

10 다음 각 4개 지점간의 거리와 각 지점에서의 취급 물동량이 아래와 같을 때, 거리만을 고려한 최적의 물류 거점의 입지(ㄱ)와 거리 및 물동량을 고려한 최적의 물류거점의 입지(ㄴ)로 옳은 것은 고르면?

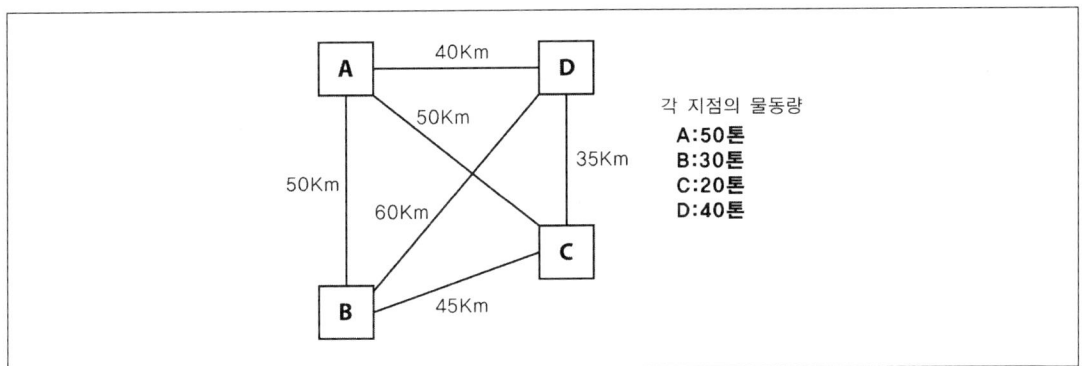

① ㄱ : A, ㄴ : B
② ㄱ : B, ㄴ : A
③ ㄱ : B, ㄴ : C
④ ㄱ : C, ㄴ : A
⑤ ㄱ : C, ㄴ : B

✔ 해설 ① 거리만을 고려한 최적의 물류거점 입지의 경우
A=50+50+40=140km
B=50+60+45=155km
C=50+45+35=130km
D=40+60+35=135km
② 거리 및 물동량을 고려한 최적의 물류거점 입지의 경우
A=50×30+50×20+40×40=3,100톤/km
B=50×50+60×40+45×20=5,800톤/km
C=50×50+45×30+35×40=5,250톤/km
D=40×50+60×30+35×20=4,500톤/km

Answer 9.④ 10.④

11 다음 중 성격이 다른 하나는?

① 경기지표법
② 최소자승법
③ 지수평활법
④ 이동평균법
⑤ 목측법

> ✅ **해설** ①번은 생산예측의 방법 중 인과적 방법에 속하며, ②③④⑤번은 시계열분석 방법에 속하는 내용이다.

12 재고에 관련한 내용 중 가장 바르지 않은 설명은?

① 재고는 생산 활동에 있어 평준화시키고 더불어 고용을 안정시키며, 인간 및 시계의 노력을 저장할 수 있게 해 줌으로써 노동관계를 향상시켜 준다.
② 재고의 기능으로는 생산의 안정화, 취급수량의 경제성, 소비자들에 대한 서비스, 재고보유를 통한 판매촉진 등이 있다.
③ 정기발주 시스템은 발주의 간격을 정해서 정기적으로 발주하는 방식인데, 발주할 때마다 발주량이 변하는 것이 특징이며, 발주량이 문제가 된다.
④ 정량발주 시스템은 재고가 일정 수준의 주문점에 다다르면 정해진 주문량을 주문하는 시스템인데, 매회 주문량을 일정하게 하고 다만 소비의 변동에 따라 발주시기를 변동하게 된다.
⑤ 정기발주 시스템은 계산이 편리해서 사무관리 등이 용이하다는 특징이 있다.

> ✅ **해설** ⑤번은 정량발주 시스템에 대한 설명이다.

13 소요량에 의해 최초의 주문을 계획하는데, 자재소요의 양적 및 시간적인 변화에 맞춰 기주문을 재계획함으로써 정확한 자재의 수요를 계산해 나가는 방법을 MRP(Material Requirement Planning)라 한다. 이에 대한 특징을 잘못 설명한 것은?

① 소비자에 대한 서비스의 개선
② 의사결정의 자동화에 기여
③ 적시에 최대비용으로 공급
④ 생산계획의 효과적인 도구
⑤ 설비가동능률의 증진

> ✔ 해설   MRP(Material Requirement Planning)의 특성
> ㉠ 소비자에 대한 서비스의 개선
> ㉡ 의사결정의 자동화에 기여
> ㉢ 생산계획의 효과적인 도구
> ㉣ 설비가동능률의 증진
> ㉤ 적시에 최소비용으로 공급

14 칼스텐 솔하임은 '정보의 가치가 기업의 핸디캡을 줄일 수 있는 능력'이라고 한다. 기업이 정보를 활용해 의사결정을 수행하는 데 있어 이에 대한 핸디캡을 줄이기 위해 정보시스템에 의존하는 경향과 가장 거리가 먼 것을 고르면?

① 대용량의 정보를 분석할 필요가 있다.
② 의사결정을 신속하게 내려야 한다.
③ 좋은 의사결정을 내리려면 모델링이나 예측 같은 정교한 분석기법을 이용해야 한다.
④ 정보시스템은 기업의 정보를 안전하게 보호하기 위한 보안장치를 제공한다.
⑤ 분석정보보다 거래처리 정보에 의존한 의사결정 문제가 자주 발생하게 된다.

> ✔ 해설   거래처리 정보보다 분석정보에 의존한 의사결정 문제가 자주 발생하기 때문에 의사결정에 있어 정보시스템에 의존하게 되는 것이다.

Answer 11.① 12.⑤ 13.③ 14.⑤

15 해외생산의 주요 동기 중 성격이 다른 하나를 고르면?

① 생산기술의 습득
② 국내임금의 상승
③ 신시장의 개척
④ 시장의 선점
⑤ 원자재의 안정적인 확보

> **해설** ②번은 해외생산의 주요 동기 중 소극적 동기에 속하며, ①③④⑤번은 적극적 동기에 해당한다.

16 아래의 공정도표를 참조하여 주공정의 소요시간을 계산하면?

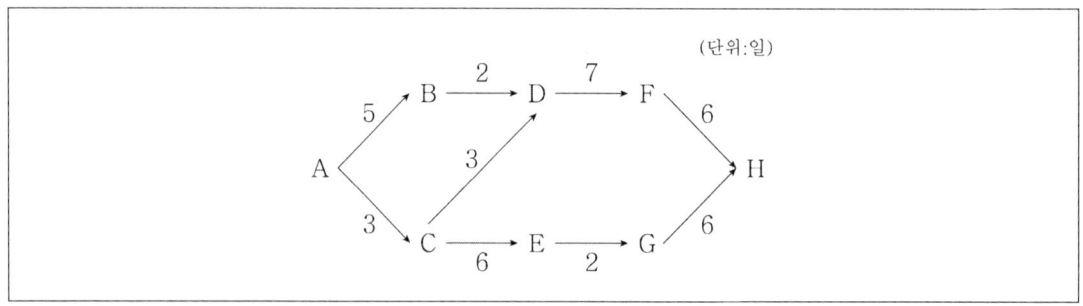

① 10일
② 15일
③ 17일
④ 19일
⑤ 20일

> **해설** 주공정 (Critical Path)은 사업계획 공정의 착수로부터 완료에 이르기까지의 여러 활동 중에서 가장 소요시간이 긴 공정이다. 이처럼 주공정은 여유시간이 없는 활동의 공정이므로 사업 일정에 의해 이 주공정을 중심으로 사업계획을 조정하게 된다. A에서 H까지 가는 경로는 3가지가 있다.
> ①의 경우 : A→C→D→F→H(3+3+7+6 = 19)
> ②의 경우 : A→C→E→G→H(3+6+2+6 = 17)
> ③의 경우 : A→B→D→F→H(5+2+7+6 = 20)
> 문제에서 명시되어 있다시피 주공정의 소요시간이므로 시작부터 도착시간 중 가장 오래 걸리는 시간인 주공정의 시간을 찾게 되면 A→B→D→F→H(5+2+7+6 = 20)이 주공정이 된다.

17 다음 중 수요에 영향을 끼치게 되는 주요인 중 통제 가능한 요소에 해당하지 않는 것은?

① 경기의 변동
② 가격의 할인
③ 신용정책
④ 품질
⑤ 광고

> **해설** 수요에 영향을 끼치게 되는 주요인 중 통제 가능한 요소로는 가격할인, 신용정책, 품질, 광고 등이 있으며, 통제 불가능한 요소로는 제품수명주기, 경기변동 등이 있다.

18 경영자의 열의 및 리더십을 기반으로 지속된 교육 및 참여에 의해 능력이 개발된 조직의 구성원들이 합리적이면서 과학적인 관리방식을 활용해서 기업 조직 내 절차를 표준화하며, 이를 지속적으로 개선해 나가는 과정에서 종업원의 니즈를 만족시키고 소비자 만족 및 기업 조직의 장기적인 성장을 추구하는 관점에서의 경영시스템을 종합적 품질경영(TQM ; Total Quality Management)이라 한다. 이 때 종합적 품질관리의 원리로 바르지 않은 것은?

① 제품품질을 측정, 자료를 정리
② 문제발생 시 즉시 발생근원에서 해결
③ 공급자부터 시작
④ 사전에 에러를 방지할 수 있도록 작업 및 작업환경을 설계
⑤ 표준화는 올바른 처리방식을 유지시키고, 동일한 문제의 재발을 방지

> **해설** 종합적 품질경영(TQM ; Total Quality Management)의 원리
> ㉠ 소비자부터 시작
> ㉡ 제품품질을 측정, 자료를 정리
> ㉢ 문제발생 시 즉시 발생근원에서 해결
> ㉣ 표준화는 올바른 처리방식을 유지시키고, 동일한 문제의 재발을 방지
> ㉤ 사전에 에러를 방지할 수 있도록 작업 및 작업환경을 설계

Answer 15.② 16.⑤ 17.① 18.③

19 다음 중 MRP의 효율적 적용을 위한 가정으로 보기 어려운 것은?

① 모든 조립구성품은 조립을 착수하는 시점에서부터 활용이 가능해야 한다.
② 제조공정은 상호보완적이어야 한다.
③ 자재명세서의 자료와 재고기록서의 자료가 일치해야 한다.
④ 모든 자료에 대한 조달기간의 파악이 이루어질 수 있어야 한다.
⑤ 모든 품목은 저장이 가능해야 하고, 매출행위가 있어야 한다.

✔해설 제조공정은 서로 독립적이어야 한다.

20 다음 중 셀 제조방식의 특징에 해당하지 않는 것을 고르면?

① 소품종 대량생산에 적합한 방식이다.
② 인원절감으로 인해 비용을 절감할 수 있다.
③ 품질에 따른 책임감이 높아진다.
④ 컨베이어 시스템보다 수주생산에 더욱 유연하게 대응할 수 있다.
⑤ JIT 라인의 구축이 가능하다.

✔해설 셀 제조시스템은 다품종 소량생산에 적합한 방식이다.

21 다음 중 경제적주문량(EOQ)의 가정으로 옳지 않은 것을 고르면?

① 주문량은 일시에 입고된다.
② 조달기간은 없거나 일정하다.
③ 재고부족은 허용되지 않는다.
④ 1회 주문비용은 물량에 상관없이 일정하다.
⑤ 단위 구입가는 물량에 비례하여 일정하지 않다.

✔해설 단위 구입가는 물량에 관계없이 일정하다.

22 다음은 TWO-BIN 방식에 대한 설명이다. 옳지 않은 것은?

① 두 개의 상자에 부품을 보관하여 필요 시 하나의 상자에서 계속 부품을 꺼내어 사용하다가 처음 상자가 바닥날 때까지 사용하고 나면, 발주를 시켜 바닥난 상자를 채우는 방식이다.
② 일반적으로 조달기간 동안에는 나머지 상자에 남겨져 있는 부품으로 충당한다.
③ 발주점법의 변형인 투-빈 시스템은 주로 고가품에 적용된다.
④ 재고수준을 계속 조사할 필요가 없다.
⑤ ABC의 C그룹에 적용되는 방식이다.

✔ 해설 발주점법의 변형인 투-빈 시스템은 주로 저가품에 적용되는 방식이다.

23 다음의 재고관리와 관련하여 아래와 같이 자료를 준비하였다. 이를 토대로 경제적 주문량(EOQ)를 구하면?

- 연간 사용량 = 5,000kg
- 구입단가 = 1,000원/kg
- 주문비용 = 20,000원/회
- 재고유지비용 = 200원/kg/년

① 1,000
② 2,000
③ 3,000
④ 4,000
⑤ 5,000

✔ 해설 $EOQ = \sqrt{\dfrac{2(20,000)(5000)}{200}} = 1,000$

Answer 19.② 20.① 21.⑤ 22.③ 23.①

24 매입자는 상품매입 이후 상품예산계획 또는 지속성 상품관리시스템에 기반하여 매입자가 자유재량으로 사용할 수 있는 예산(Open-to-Buy)을 확인하게 된다. 다음 상황에서 현재의 매입한도(Open-to-Buy)를 구하면?

- 계획된 월말재고 : ₩68,640
- 실제 월초재고 : ₩59,500
- 실제 주문량 : ₩18,000
- 조정된 재고 : ₩66,590
- 계획된 월별매출 : ₩15,600

① ₩1,543
② ₩2,050
③ ₩3,526
④ ₩4,325
⑤ ₩5,635

✔해설 Open-to-buy는 공개매수액 또는 매입가능단위라는 용어로 사용되고 있다. 최대재고량=(재주문기간+배달기간)×(판매율)+(안전재고)이고, 주문량=최대재고량-(현재재고량+주문량)이다. 최대재고량은 계획된 월말재고이고 현재재고량과 주문량은 조정된 재고이다. 따라서 Open-to-Buy는 ₩68,640에서 ₩66,590을 차감한 ₩2,050이 된다.

25 다음 공정관리에 대한 기능 중에서 통제기능에 해당하는 것을 모두 고르면?

㉠ 일정계획
㉡ 절차계획
㉢ 작업독촉
㉣ 작업할당
㉤ 공수계획

① ㉠㉡
② ㉡㉢
③ ㉢㉣
④ ㉢㉤
⑤ ㉣㉤

✔해설 공정관리에 대한 기능 중 통제기능에는 작업독촉 및 작업할당 등이 있다.

26 다음 중 MRP의 전제조건으로 보기 어려운 것은?

① 원자재 및 구입품 등의 표시가 가능한 자재명세서가 있어야 한다.
② 기록된 자료들에 대한 정확성은 높되 그로 인한 유용성은 반드시 높을 필요가 없다.
③ 제품이 언제, 얼마만큼 필요한지를 확인할 수 있는 생산계획이 수립되어야 한다.
④ 모든 재고품목들의 확인이 가능해야 한다.
⑤ 모든 재고품목들의 구별이 가능해야 한다.

> **해설** 기록된 자료들에 대한 정확성 및 유용성 모두가 높아야 한다.

27 다음 중 투-빈(Two-Bin) 시스템에 대한 설명으로 바르지 않은 것은?

① 발주점법의 변형인 투-빈 시스템은 주로 저가품(편의품 등)에 적용한다.
② 투-빈 시스템은 두 개의 상자에 부품을 보관해서 필요시에 하나의 상자에서 지속적으로 부품을 꺼내어 사용하다가 처음 상자가 바닥날 때까지 사용하고 나면, 다음 상자의 부품을 꺼내어 사용하면서 발주를 시켜 이전의 바닥난 상자를 채우는 방식이다.
③ 투-빈 시스템은 재고수준을 계속적으로 조사해야 한다.
④ 투-빈 시스템은 일반적으로 조달기간 동안에는 나머지 상자에 남겨져 있는 부품으로 충당하게 된다.
⑤ 투-빈 시스템은 재고관리에서 C그룹에 적용되어진다.

> **해설** 투-빈 시스템은 재고수준을 지속적으로 조사할 필요가 없다는 특성이 있다.

28 다음은 공정별 배치에 관한 내용이다. 이 중 옳지 않은 것을 고르면?

① 공정별 배치는 초기의 투자비가 저렴하다.
② 운반거리도 길고, 자재의 취급에 따른 비용이 높다.
③ 작업 형태에 있어 복잡하며, 숙련성이 요구되는 방식이다.
④ 자유 경로형으로서의 신축성이 높다고 할 수 있다.
⑤ 표준품에 있어서의 대량생산 등에 가장 적합한 방식이라 할 수 있다.

> **해설** 공정별 배치는 다품종이면서 소량생산에 적합한 방식이다.

Answer 24.② 25.③ 26.② 27.③ 28.⑤

29 다음 중 델파이법(Delphi Method)에 대한 설명으로 바르지 않은 것은?

① 델파이법은 가능성 있는 미래기술개발 방향과 시기 등에 대한 정보를 취득하기 위한 방식이다.
② 델파이법은 생산예측의 방법 중에서 인과적 방법에 해당하는 방식이다.
③ 주로 집단의 의견들을 조정 및 통합하거나 개선시키기 위해 활용한다.
④ 델파이법은 회합 시에 발생하기 쉬운 심리적 편기의 배제가 가능하다.
⑤ 델파이법은 회답자들에 따른 가중치를 부여하기 어렵다는 단점이 있다.

✔해설 델파이법은 생산예측의 방법 중에서 정성적 방법에 해당한다.

30 다음 중 MRP의 효율적 적용을 위한 가정으로 바르지 않은 것은?

① 전체 조립 구성품들은 조립착수시점에서 활용이 가능해야 한다.
② 전체 품목들은 저장이 가능해야 하며, 매출행위가 있어야 한다.
③ 일부 자료에 대한 조달기간의 파악이 가능해야 한다.
④ 재고기록서의 자료 및 자재명세서의 자료가 일치해야 한다.
⑤ 제조공정이 독립적이어야 한다.

✔해설 MRP의 효율적 적용을 위한 가정
㉠ 전체 자료에 대한 조달기간의 파악이 가능해야 한다.
㉡ 재고기록서의 자료 및 자재명세서의 자료가 일치해야 한다.
㉢ 제조공정이 독립적이어야 한다.
㉣ 전체 품목들은 저장이 가능해야 하며, 매출행위가 있어야 한다.
㉤ 전체 조립 구성품들은 조립착수시점에서 활용이 가능해야 한다.

31 다음 중 의사결정의 중요성에 해당하지 않는 것은?

① 환경에 대한 적응성
② 선택의 무제한성
③ 집단성
④ 합리성
⑤ 미래 지향성

✔해설 의사결정의 중요성으로는 집단성, 환경적응성, 미래지향성, 선택의 제한성, 합리성 등이 있다.

32 다음 중 판단력 및 문제해결에 있어 개인보다 많은 정보와 경험, 아이디어 및 비판적인 능력을 갖고 있는 집단적 의사결정의 특성으로 보기 어려운 것을 고르면?

① 전문화가 가능하게 된다.
② 시간 및 자원의 낭비를 초래하게 된다.
③ 시너지의 효과를 얻을 수 있다.
④ 타협안보다는 최적안을 선택하게 된다.
⑤ 특정 사람들로 인해 자유로운 의견에 대한 제시를 방해할 수 있다.

✔해설 집단적 의사결정에서는 최적안보다는 타협안을 선택할 수 있다는 문제점이 있다.

33 다음 의사결정기법 중 델파이법에 대한 설명으로 바르지 않은 것은?

① 어떤 특정 문제에 대해 의견을 전문가들로부터 수집한다.
② 수집된 의견을 전문가들에게 문제를 제시한다.
③ 전문가들은 해결방안을 기록하여 건의하게 된다.
④ 전문가들의 의견이 합의에 이를 때까지 반복 수행하게 된다.
⑤ 많은 양의 아이디어를 희망하는 의사결정기법이다.

✔해설 ⑤번은 브레인스토밍에 대한 설명이다.

34 다음 중 재고관리에 대한 내용으로 바르지 않은 것은?

① 재고관리는 능률적이면서 지속적인 생산 활동을 위해 필요한 원재료, 반제품, 제품 등의 최적보유량을 계획, 조직 및 이를 통제하는 기능을 말한다.
② 제조원가가 증대된다.
③ 소비자들에 대한 서비스 수준이 제고된다.
④ 재고 투자에 대한 자금이 감소된다.
⑤ 재고를 보유하는 이유는 경제적 발주기능, 불확실성 대처기능, 생산평준화기능 등의 중요한 기능을 수행하기 때문이다.

✔해설 재고관리로 인해 제조원가는 절감되게 된다.

Answer 29.② 30.③ 31.② 32.④ 33.⑤ 34.②

35 다음 내용을 읽고 괄호 안에 들어갈 말을 순서대로 바르게 나열한 것을 고르면?

> (㉠)은/는 제품 생산에 직접적으로 사용하기 위해 외부에서 구입하는 모든 자재를 말하고, (㉡)은/는 최종 제품에 사용되기 이전의 제조 공정 내의 모든 품목 제품을 최상위 계층으로 하고 최하위 계층에 원자재가 위치하는 소요 자재 명세서의 중간 계층의 모든 품목을 말하며, (㉢)은/는 최종 품목 또는 최종 제품이라고도 하며 소비자에게 판매되는 제품을 말한다.

① ㉠ 원자재, ㉡ 완성품, ㉢ 재공품
② ㉠ 재공품, ㉡ 원자재, ㉢ 완성품
③ ㉠ 완성품, ㉡ 재공품, ㉢ 원자재
④ ㉠ 원자재, ㉡ 재공품, ㉢ 완성품
⑤ ㉠ 재공품, ㉡ 완성품, ㉢ 원자재

✔해설 원자재는 제품 생산에 직접적으로 사용하기 위해 외부에서 구입하는 모든 자재를 말하고, 재공품은 최종 제품에 사용되기 이전의 제조 공정 내의 모든 품목 제품을 최상위 계층으로 하고 최하위 계층에 원자재가 위치하는 소요 자재 명세서의 중간 계층의 모든 품목을 말하며, 완성품은 최종 품목 또는 최종 제품이라고도 하며 소비자에게 판매되는 제품을 말한다.

36 다음은 독립수요품목에 대한 설명이다. 이 중 가장 바르지 않은 것은?
① 독립수요품목의 재고 품목은 제품, 서비스품, 수리용품 등이다.
② 수요의 발생원천은 소비자들의 주문, 예측 등이다.
③ 재고관리기법으로는 통계적 재주문점 방식이나 유통소요량 계획 등을 활용한다.
④ 수요시점의 계산이 불가능하다.
⑤ 독립수요품목의 용도는 주로 생산이다.

✔해설 독립수요품목의 용도는 주로 유통이다.

37 다음 중 종속수요품목에 대한 설명으로 옳지 않은 것은?

① 수요발생의 원천으로는 기준생산계획이다.
② 종속수요품목에서 재고품목은 원자재, 재공품 등이 속한다.
③ 재고관리기법으로는 유통소요량 계획, 통계적 재주문점 방식 등이 활용된다.
④ 품목의 용도는 생산이다.
⑤ 수요의 성격으로는 소요시점의 계산이 가능하다.

✔ 해설 종속수요품목에서 재고관리기법으로는 MRP, JIT 등이 활용된다.

38 다음 중 경제적주문량(EOQ)의 기본가정에 해당하지 않는 것은?

① 품절 및 과잉재고는 허용된다.
② 제품의 수요가 일정하고 균일하다.
③ 조달이 일시에 이루어진다.
④ 주문비와 재고유지비가 일정하다.
⑤ 재고유지비는 평균재고에 기초를 두게 된다.

✔ 해설 품절 및 과잉재고는 허용되지 않는다.
※ 경제적주문량(EOQ)의 기본가정
  ㉠ 제품의 수요가 일정하고 균일하다.
  ㉡ 조달기간이 일정하며, 조달이 일시에 이루어진다.
  ㉢ 품절이나 과잉재고가 허용되지 않는다.
  ㉣ 주문비와 재고유지비가 일정하며, 재고유지비는 평균재고에 기초를 둔다.

Answer 35.④ 36.⑤ 37.③ 38.①

39 다음의 그림은 생산시스템을 도식화한 것이다. 다음 중 이와 연관성이 가장 먼 내용을 고르면?

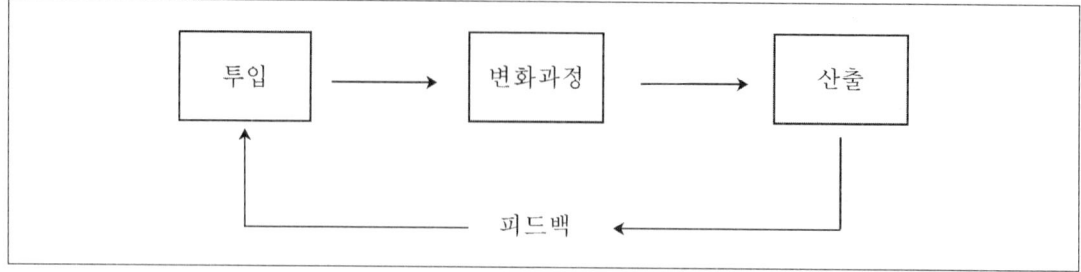

① 위 그림은 하나의 전체를 이루도록 각각이 서로 간 유기적으로 관련된 형태를 나타낸다.
② 생산시스템의 경계 외부에는 환경이 존재하지 않는다는 문제점이 있다.
③ 각 개체들은 각기 투입, 과정, 산출 등의 기능을 담당하게 된다.
④ 위 그림의 경우에는 단순한 개체들의 집합이 아닌 의미가 있는 하나의 전체이다.
⑤ 위 도표 시스템은 일정한 개체들의 집합이다.

✔해설 위 그림은 시스템에 대한 것이다. 이러한 생산시스템의 경계 외부에는 환경이 존재하게 된다.

40 다음 괄호 안에 들어갈 말을 순서대로 바르게 나열한 것은?

(㉠)은/는 중단이 없이 지속적으로 가동 생산되는 방식이고, (㉡)은/는 일정 크기의 로트를 설정해서 작업 실행 및 작업 중단을 반복하는 생산 방식이며, (㉢)은/는 주문된 제품의 수량 및 납기 등에 맞추어 생산하는 방식이다.

① ㉠ 반복생산시스템, ㉡ 단속생산시스템, ㉢ 반복생산시스템
② ㉠ 연속생산시스템, ㉡ 반복생산시스템, ㉢ 단속생산시스템
③ ㉠ 단속생산시스템, ㉡ 연속생산시스템, ㉢ 반복생산시스템
④ ㉠ 반복생산시스템, ㉡ 연속생산시스템, ㉢ 단속생산시스템
⑤ ㉠ 연속생산시스템, ㉡ 단속생산시스템, ㉢ 반복생산시스템

✔해설 연속생산시스템은 중단이 없이 지속적으로 가동 생산되는 방식이고, 반복생산시스템은 일정 크기의 로트를 설정해서 작업 실행 및 작업 중단을 반복하는 생산 방식이며, 단속생산시스템은 주문된 제품의 수량 및 납기 등에 맞추어 생산하는 방식이다.

41 다품종 소량생산에서 부품설계, 작업준비 및 가공 등을 체계적으로 하고 유사한 가공물들을 집단으로 가공함으로써 생산효율을 높이는 기법을 무엇이라고 하는가?

① 유연생산시스템
② 동시생산시스템
③ 적시생산시스템
④ 셀 제조시스템
⑤ 컴퓨터통합생산시스템

> **해설** 셀 제조시스템은 다품종 소량생산에서 부품설계, 작업준비 및 가공 등을 체계적으로 하고 유사한 가공물들을 집단으로 가공함으로써 생산효율을 높이는 기법을 말하며 유연성의 개선, 도구사용의 감소 등의 효과가 나타나는 방식이다.

42 다음 중 제조전략에서 기대할 수 있는 효과로 보기 어려운 것은?

① 제품품질의 향상
② 판촉의 향상
③ 원가의 절감
④ 생산성의 향상
⑤ 소비자 욕구에 대한 발 빠른 대응

> **해설** 제조전략에서 기대 가능한 효과로는 생산성 향상, 품질향상, 원가절감, 소비자 욕구에 대해 신속하면서도 신축적인 대응 등의 결과를 기대 등이 있다.

43 다음 중 제조전략에서 중요하게 여기는 구성변수로 보기 어려운 것은?

① 신속성
② 품질
③ 쇠퇴기간
④ 원가
⑤ 신축성

> **해설** 제조전략에서는 원가, 품질, 신속성, 신축성 등의 4가지 변수를 중요하게 여긴다.

Answer 39.② 40.② 41.④ 42.② 43.③

44 다음 중 성격이 다른 하나는?

① 과거자료유추법
② 델파이법
③ 위원회에 의한 예측법
④ 경기지표법
⑤ 시장조사법

✔해설 ①②③⑤는 생산예측의 방법 중 정성적 방법에 해당하며, ④는 인과적 방법에 해당한다.

45 다음 중 성격이 다른 하나를 고르면?

① 소비자 구매경향조사법
② 투입산출모형
③ 계량경제모형
④ PLC 분석법
⑤ 지수평활법

✔해설 ①②③④는 인과적 방법에 속하며, ⑤는 시계열분석 방법에 해당한다.

46 다음 중 성격이 다른 하나는?

① 지수평활법
② 과거자료유추법
③ 최소자승법
④ 이동평균법
⑤ 목측법

✔해설 ①③④⑤는 시계열분석에 해당하며, ②는 정성적 방법에 해당한다.

47 다음 유연생산시스템(FMS)에 대한 설명 중 바르지 않은 것은?

① 가공준비 및 대기시간의 최소화로 제조시간이 단축된다.
② 무인운전을 지향한다.
③ 다양한 제품을 높은 생산성으로 유연하게 제조할 수 있다.
④ 초기 시스템 구축에 투자비가 많이 들어가게 된다.
⑤ 유연생산시스템 도입 후 운영의 효과 발휘까지 시간이 많이 소요되지 않는다.

✔해설 ⑤ FMS는 운영의 효과 발휘까지 시간이 많이 소요된다.

48 다음 중 총괄생산계획에서의 결정변수들로만 바르게 묶은 것은?

㉠ 원가의 조정	㉡ 유통채널의 조정
㉢ 고정비의 조정	㉣ 노동인력의 조정
㉤ 생산율의 조정	㉥ 재고의 수준

① ㉠, ㉡, ㉢
② ㉠, ㉢, ㉣
③ ㉡, ㉣, ㉤
④ ㉢, ㉤, ㉥
⑤ ㉣, ㉤, ㉥

✔해설 총괄생산계획의 결정변수
 ㉠ 생산율의 조정
 ㉡ 하도급
 ㉢ 노동인력의 조정
 ㉣ 재고수순

49 다음 총괄생산계획에서의 비용 요소 중 생산율 변동비용에 포함되지 않는 것은?

① 잔업비용
② 해고비용
③ 마케팅비용
④ 하청비용
⑤ 고용비용

> ✔해설 생산율 변동비용
> ㉠ 고용비용
> ㉡ 해고비용
> ㉢ 하청비용
> ㉣ 잔업비용

50 다음 수요예측에 대한 설명 중 바르지 않은 것은?

① 지수평활법을 사용하면 예측치의 산정에 반영될 과거 기간의 수(n)를 조절함으로써 예측의 정확성을 높일 수 있다.
② 시계열분석은 시계열을 따라 제시된 과거 자료로부터 그 패턴을 분석하여 장래의 수요를 예측하는 방법이다.
③ 수요예측기법의 종류에는 정성적 방법과 정량적 방법이 있다.
④ 가중이동평균법을 사용하면 과거자료 중에서 최근 실제치를 더 많이 예측치에 반영할 수 있다.
⑤ 수요예측은 각종 생산의사결정 즉 공정사례, 생산능력계획, 재고에 관한 의사결정의 기초가 된다.

> ✔해설 ① 수요예측 시 과거 기간의 수(n)가 아니라 평활상수를 조절함으로써 예측의 정확성을 높일 수 있다.

51 다음 재고의 기능 중 경제적 발주량의 실행으로 인해 대량취급의 이점을 얻을 수 있는 것을 지칭하는 것은?

① 생산의 안정화
② 재고의 보유로 인한 판매의 촉진
③ 부문 간의 완충
④ 취급수량에 있어서의 경제성
⑤ 소비자들에 대한 서비스

> **해설** 재고의 기능 중 경제적 발주량의 실행으로 인해 대량취급의 이점을 얻을 수 있는 것은 취급수량에 있어서의 경제성이라 한다.
> ※ 재고의 기능
> ㉠ 소비자에 대한 서비스
> ㉡ 생산의 안정화
> ㉢ 부문 간 완충
> ㉣ 취급수량에 있어서의 경제성
> ㉤ 투자 및 투기의 목적으로서의 보유
> ㉥ 재고보유를 통한 판매의 촉진

Answer 49.③ 50.① 51.④

CHAPTER 04 마케팅관리

1 마케팅 조사(marketing research)를 위한 표본추출 방법 중에서 할당 표본추출(quota sampling) 방법에 대한 설명으로 옳은 것은?

① 확률 표본추출 방법 중의 하나이다.
② 모집단 내의 각 대상이 표본에 추출될 확률이 모두 동일한 방법이다.
③ 모집단의 특성을 반영하도록 통제 특성별로 미리 정해진 비율만큼 표본을 추출하는 방법이다.
④ 모집단을 어떤 기준에 따라 상이한 소집단으로 나누고 각 소집단으로부터 표본을 무작위로 추출하는 방법이다.
⑤ 희귀한 특성도 추정이 가능하다.

> **해설** 할당 표본추출 방법은 모집단을 일정한 범주로 나누고 이들 범주에서 정해진 요소를 작위적으로 표본추출하는 비확률 표본추출 방법 중 하나이다.

2 다음 자료를 이용하여 구매전환율(Conversion Rate)을 계산하면?

> 100,000명의 소비자가 e-쇼핑몰 광고를 보았고 1,000명의 소비자가 광고를 클릭하여 e-쇼핑몰을 방문하였다. e-쇼핑몰을 방문한 소비자 중 실제 제품을 구매한 소비자는 50명이며 이들 구매고객 중 12명이 재구매를 하여 충성고객이 되었다.

① 24% ② 5%
③ 1% ④ 0.05%
⑤ 10%

> **해설** 구매전환율 $= \dfrac{\text{구매자수}}{\text{방문자수}} \times 100 = \dfrac{50}{1,000} \times 100 = 5(\%)$

3 신제품 가격 전략에 대한 설명으로 옳지 않은 것은?

① 신제품 출시 초기 높은 가격에도 잠재 수요가 충분히 형성되어 있는 경우 스키밍 가격전략이 효과적이다.
② 목표 소비자들의 가격 민감도가 높은 경우 시장침투 가격전략이 효과적이다.
③ 시장 진입장벽이 높아 경쟁자의 진입이 어려운 경우 시장침투 가격전략이 많이 활용된다.
④ 특허기술 등의 이유로 제품이 보호되는 경우 스키밍 가격전략이 많이 활용된다.
⑤ 시장침투 가격전략은 대량생산이나 마케팅 제반비용 등을 감소시키는 데 있어 효과적이다.

> **해설** ③ 시장침투 가격전략은 소비자들이 가격에 민감하게 반응하는 시장이거나 규모의 경제가 존재하여 가격 인하에도 이익을 확보할 수 있는 경우, 제품의 차별화가 어려운 경우, 혹은 시장의 후발주자가 기존 경쟁제품으로부터 고객을 빼앗고 시장점유율을 확보하기 위해 사용한다.
> ※ 스키밍 가격전략과 시장침투 가격전략
> ㉠ 스키밍 가격전략 : 시장에 신제품을 선보일 때 고가로 출시한 후 점차적으로 가격을 낮추는 전략으로 브랜드 충성도가 높거나 제품의 차별점이 확실할 때 사용한다.
> ㉡ 시장침투 가격전략 : 신제품을 시장에 선보일 때 초기에는 낮은 가격으로 제시한 후 시장점유율을 일정 수준 이상 확보하면 가격을 점차적으로 인상하는 전략이다.

4 다음의 대응전략 모두와 밀접한 관련이 있는 서비스 특성은?

- 서비스 가격을 차별화한다.
- 비성수기 수요를 개발한다.
- 보완적 서비스를 제공한다.
- 예약시스템을 도입한다.

① 소멸가능성(perishability)
② 동시성 / 비분리성(simultaneity / inseparability)
③ 이질성 / 변화성(heterogeneity / variability)
④ 무형성(intangibility)
⑤ 불변성(invariability)

> **해설** 서비스의 특성
> ㉠ 무형성 : 서비스는 형태가 없다. 이로 인해 저장 및 진열이 불가능하고 특허 등으로 보호하기 어렵다.
> ㉡ 이질성 : 서비스를 제공하는 제공자에 따라 품질이 달라진다.
> ㉢ 비분리성 : 서비스는 생산과 소비가 분리되지 않고 동시에 일어난다.
> ㉣ 소멸성 : 저장이 곤란하여 한번 생산된 서비스는 소비되지 않으면 곧바로 소멸한다.

Answer 1.③ 2.② 3.③ 4.①

5 다음 그림을 참조하여 서술된 내용으로 옳지 않은 것은? (단, ㉠은 생산콘셉트, ㉡은 제품콘셉트, ㉢은 판매 콘셉트, ㉣은 마케팅콘셉트, ㉤은 사회적 마케팅콘셉트를 각각 의미한다.)

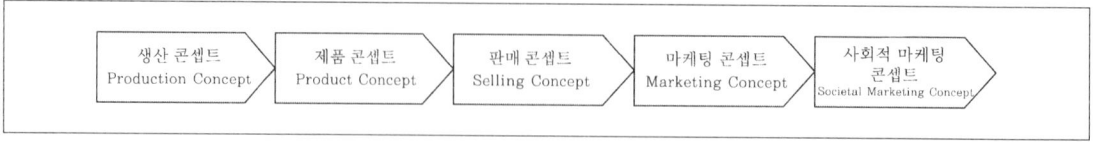

① ㉠의 경우 소비자들이 제품의 활용가능성이나 저가격에만 관심을 지니고 있다.
② ㉡의 경우 기업에서는 질 좋은 제품을 만들고 개선하는 데 관심을 기울인다.
③ ㉢의 경우 저압적 마케팅 방식에 의존하는 경향이 강하다.
④ ㉣의 경우 고객만족을 통한 이익을 실현하고자 한다.
⑤ ㉤의 경우 소비자를 포함해 사회 전체에 미치게 될 영향에 대해서도 관심을 가져야 한다.

> **해설** ㉢은 판매개념에 해당하는 것으로 생산의 증대로 인해 제품공급이 과잉된 상태이다. 그러므로 이를 해결하기 위해 고압적 마케팅 방식에 의존하게 된다.

6 다음 중 마케팅 조사과정을 바르게 나열한 것은?
① 조사문제의 정의 → 마케팅조사의 설계 → 조사목적의 결정 → 자료의 수집과 분석 → 보고서 작성
② 조사문제의 정의 → 조사목적의 결정 → 자료의 수집과 분석 → 마케팅조사의 설계 → 보고서 작성
③ 조사문제의 정의 → 조사목적의 결정 → 마케팅조사의 설계 → 자료의 수집과 분석 → 보고서 작성
④ 조사문제의 정의 → 마케팅조사의 설계 → 자료의 수집과 분석 → 조사목적의 결정 → 보고서 작성
⑤ 조사목적의 결정 → 조사문제의 정의 → 마케팅조사의 설계 → 자료의 수집과 분석 → 보고서 작성

> **해설** 마케팅 조사과정…조사문제의 정의 → 조사목적의 결정 → 마케팅조사의 설계 → 자료의 수집과 분석 → 보고서 작성

7 다음은 제품계획에 따른 제품의 분류를 표로 정리한 것이다. 이 중 괄호 안에 들어갈 말로 가장 적절한 것을 고르면?

구분	Convenience Goods	Shopping Goods	Specialty Goods
가격	저가이다.	중&고가이다.	최고가이다.
구매 전 계획정도	거의 없다.	있다.	상당히 있다.
고객쇼핑노력	(㉠)	보통이다.	(㉡)
브랜드충성도	거의 없다.	있다.	특정상표를 선호한다.
제품회전율	빠르다.	느리다.	가장 느리다.

① ㉠ 최소한이다. - ㉡ 최대한이다.
② ㉠ 최대한이다. - ㉡ 최소한이다.
③ ㉠ 최소한이다. - ㉡ 최소한이다.
④ ㉠ 최대한이다. - ㉡ 최대한이다.
⑤ ㉠ 중간이다. - ㉡ 중간이다.

> **해설** 편의품(Convenience Goods)은 소비자들이 언제, 어디서든지 구입이 가능한 제품으로 제품구입을 위한 쇼핑의 노력은 거의 들이지 않으며, 전문품(Specialty Goods)은 소비재 중에서 가장 높은 가격의 제품에 해당되며, 이는 소비자들의 기호, 및 취미에 의해 구입하게 되는 제품이므로 전문품 구입의 경우 소비자가 해당 제품을 찾기 위해 들이는 쇼핑의 노력은 최대한이다.

Answer 5.③ 6.③ 7.①

8 다음은 시장세분화에 활용되는 기준변수에 대한 내용이다. 이 중 괄호 안에 들어갈 말을 순서대로 바르게 나열한 것을 고르면?

변수	세부변수	실제 분류방법
(㉠)	- 나이 - 성별 - 직업 - 가족구성 단위	- 취학이전, 초등생, 중학생, 고교생, 10, 20, 30, 40, 50, 60대 이상 - 남, 여 - 전문직 및 기술직, 경영자, 공무원, 자영업자, 사무직 및 판매원직, 근로자, 농어민, 학생, 주부, 실업자
(㉡)	지역 단위	- 특별시, 광역시 및 각 도 - 대도시, 중소도시, 농어촌
(㉢)	- 구매 및 사용상황 - 추구 편익 - 제품사용 경험 - 사용률 - 애호도 - 제품에 대한 태도	- 제품에 따라 다름 - 기능적 편익, 심리적 편익 - 비사용자, 이전사용자, 잠재적 사용자, 초기 사용자 - 소량 사용자, 보통 사용자, 다량 사용자 - 없음, 보통, 강함, 매우 강함 - 비호의적, 중립, 호의적
(㉣)	- 라이프스타일 - 개성 - 사회계층	- 전통적 알뜰형, 합리적 생활만족형, 진보적 유행추구형, 보수적 생활무관심형 - 강제적, 사교적, 권위주의적, 야심적 - 농촌하층, 도시하층, 중하층, 중상층, 상층

① ㉠ 구매행동 변수 - ㉡ 인구통계 변수 - ㉢ 지리적 변수 - ㉣ 심리통계 변수
② ㉠ 심리통계 변수 - ㉡ 구매행동 변수 - ㉢ 지리적 변수 - ㉣ 인구통계 변수
③ ㉠ 구매행동 변수 - ㉡ 심리통계 변수 - ㉢ 인구통계 변수 - ㉣ 지리적 변수
④ ㉠ 인구통계 변수 - ㉡ 지리적 변수 - ㉢ 구매행동 변수 - ㉣ 심리통계 변수
⑤ ㉠ 지리적 변수 - ㉡ 인구통계 변수 - ㉢ 심리통계 변수 - ㉣ 구매행동 변수

✔해설 시장세분화 변수의 종류

기준 변수	구체적 변수
지리적 특성	거주 지역, 도시규모, 인구밀도, 기후, 지형적 특성
인구통계적 특성	연령, 성별, 가족규모, 가족생활주기, 소득, 직업, 종교, 교육수준
심리분석적 특성	사회계층, 라이프스타일, 개성
행동적 특성	구매계기, 추구하는 편익, 사용경험여부, 사용량, 상표충성도, 상품구매단계, 가격민감도, 제품에 대한 태도

9 다음의 사례들이 공통적으로 시사하는 바와 가장 관련성이 높은 것을 고르면?

> ⊙ 면도기 본체는 저렴하게 팔고 면도날은 비싸게 파는 경우
> ⓒ 레이저프린터나 잉크젯프린터를 저렴하게 팔면서 카트리지나 튜너는 비싸게 판매하는 경우
> ⓒ 비싼 정수기는 설치비만 받고 설치해주면서 필터교체를 매달 2만원에 약정하는 경우
> ⓔ 휴대폰은 공짜로 제공하고 통화요금으로 수익을 올리는 경우

① 해당 기업이 제공하는 여러 개의 제품 및 서비스 등을 하나로 묶어 하나의 가격으로 판매하는 전략이다.
② 기본 사용료 및 추가 사용료 등의 수수료를 결부하여 정하는 가격방식이다.
③ 좋은 품질 및 서비스를 잘 결합하여 소비자들에게 적정가격으로 제공하는 가격전략이다.
④ 타 사의 가격에 맞춰 가격인하를 하기보다는 부가적 특성 및 서비스의 추가로 제품의 제공물을 차별화함으로써 더 비싼 가격을 정당화하는 방식이다.
⑤ 본 제품에 대해서는 저렴한 가격을 책정하고 이윤을 줄이면서 해당 제품의 시장점유율을 늘리고 그 후에 종속제품의 부속품에 대해 이윤을 추구하는 가격전략이다.

> ✔ 해설 본 사례는 종속가격(Captive Pricing) 결정전략에 대한 내용이다. 종속가격 결정전략은 주 제품에 대해서는 가격을 낮게 책정해서 이윤을 줄이더라도 시장 점유율을 늘리고 난 후 종속 제품인 부속품에 대해서 이윤을 추구한다.

Answer 8.④ 9.⑤

10 아래의 기사를 읽고 이에 관련된 내용으로 유추 가능한 것으로 가장 바르지 않은 것을 고르면?

― 프랜차이즈 산업협회, 가맹점 관리 앱 출시 ―

한국프랜차이즈산업협회는 가맹점 관리에 필요한 서비스를 한 데 모은 어플리케이션을 선보였다. 프랜차이즈산업협회는 단국대학교 기술 지주회사 산하 단국상의원과 'KFA 스토어 케어 앱'을 20일부터 서비스 한다고 밝혔다.

'KFA 스토어 케어 앱'은 △생활용품부터 여행까지 저렴한 가격으로 제공하는 복지 몰 △ 후불식으로 비용 부담을 낮춘 전통수의 상조서비스(단국상의원·한국시니어케어㈜) △ 위생수준 향상 지원을 위한 해충방제 서비스(㈜벨킨스) △가맹점 청결 관리를 위한 청소용역 서비스(㈜클라우스오투) △가맹점 통합관리를 위한 인터넷·보안 서비스(통신 3사) 등으로 구성돼 있다.

△ 가맹점사업자 간 직거래를 위한 중고장터 △ 회원사 ― 소속 가맹점 간 소통을 위한 공지·교신 △협회·업계 주요 뉴스 수신 등 기능도 갖췄다.

협회 관계자는 "프랜차이즈 산업의 경우 92%가 매출 100억 미만 중소기업으로, 가맹본부마다 가맹점 지원정책의 편차가 큰 만큼 서비스 제공 수준 향상을 지원하기 위해 협회 차원의 전용 앱을 출시했다"면서, "회원사 복지 증진과 소통, 가맹점 운영 편의 증진을 통한 상생문화 확산을 위해 다양한 서비스를 담았으며, 앞으로도 수요를 반영해 서비스들을 보강해 나갈 것"이라고 말했다.

① 통상적으로 상호, 특허 상표 등의 노하우를 지닌 자가 계약을 통해서 타인에게 상표의 사용권, 제품의 판매권, 기술 등을 제공하고 그 대가로 가맹금, 보증금, 로열티 등을 받는 것을 프랜차이즈 시스템이라고 한다.
② 상호, 상표 등의 노하우를 가진 자를 프랜차이지 (Franchisee) 라고 하는데 본부, 본사라고 하며, 이들로부터 상호의 사용권, 제품의 판매권, 기술, 상권분석, 점포 디스플레이, 관계자 훈련 및 교육지도 등을 제공받는 자를 프랜차이저 (Franchisor) 라고 하는데 보통 가맹점으로 표현된다.
③ 프랜차이지는 처음부터 소비자에 대한 신뢰도를 구축할 수 있다.
④ 프랜차이저는 대량구매에 의한 규모의 경제달성이 가능하다.
⑤ 프랜차이지는 스스로의 문제해결 및 경영개선의 노력을 등한시 할 수 있다.

✅ **해설** 위 내용은 프랜차이즈에 관한 내용을 설명하고 있다. 상호, 상표 등의 노하우를 가진 자를 프랜차이저 (Franchisor)라고 하는데 우리말로는 본부, 본사로 표현되고, 이러한 프랜차이저로부터 상호의 사용권, 제품의 판매권, 기술, 상권분석, 점포 디스플레이, 관계자 훈련 및 교육지도 등을 제공받는 자를 프랜차이지(Franchisee)라고 하는데 이는 일반적으로 가맹점이라 표현된다.

11 다음 그림을 참조하여 설명된 내용 중 가장 옳지 않은 것을 고르면?

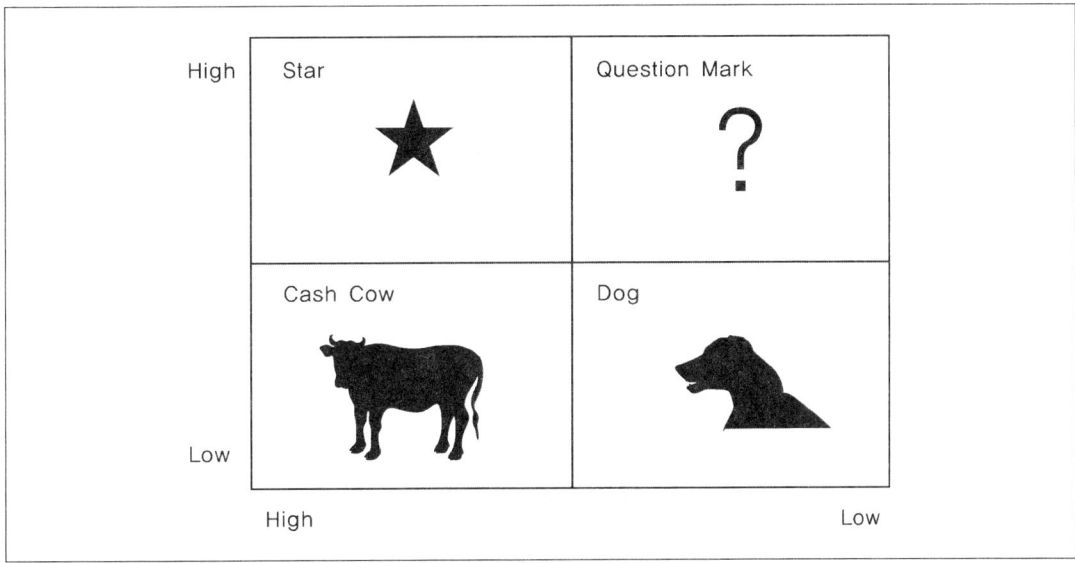

① 위 그림의 경우 세로축을 상대적 시장점유율을 두고, 가로축은 시장성장률로 두어 2×2 매트릭스의 형태를 취하고 있다.
② 별 사업부의 경우 유입되는 현금과 유출되는 현금이 많으므로, 제품수명주기 상에서 성장기에 해당한다.
③ 젖소 사업부는 시장에서 많은 이익을 창출하며, 잉여현금이 가장 많은 사업부이다.
④ 물음표 사업부는 고성장 저점유율의 형태로, 제품수명주기 상에서 도입기에 속한다.
⑤ 위 그림의 경우 단순하면서도 정확한 사업부의 평가가 불가능하며, 이를 보완한 것이 GE Matrix이다.

> **해설** BCG Matrix는 세로축에 시장성장률, 가로축에 상대적 시장점유율을 두어 2×2 매트릭스의 형태를 취하고 있다.

12 윤주는 친구와 함께 서울에서 부산까지 여행을 가려고 한다. 다음 자료를 보고 보완적 평가방식을 활용하여 윤주의 입장에서 종합 평가점수가 가장 높아 구매대안이 될 수 있는 운송수단을 고르면?

평가기준	중요도	운송수단에 대한 평가				
		고속철도	고속버스	승용차	자전거	비행기
속도	40	8	5	4	1	9
승차감	30	7	8	8	1	7
경제성	20	5	8	3	9	4
디자인	10	7	7	5	1	7

① 고속철도
② 고속버스
③ 승용차
④ 자전거
⑤ 비행기

✔해설 각 운송수단별 종합 평가점수는 다음과 같다.
㉠ 고속철도 = $(40 \times 8)+(30 \times 7)+(20 \times 5)+(10 \times 7) = 700$
㉡ 고속버스 = $(40 \times 5)+(30 \times 8)+(20 \times 8)+(10 \times 7) = 670$
㉢ 승용차 = $(40 \times 4)+(30 \times 8)+(20 \times 3)+(10 \times 5) = 510$
㉣ 자전거 = $(40 \times 1)+(30 \times 1)+(20 \times 9)+(10 \times 1) = 260$
㉤ 비행기 = $(40 \times 9)+(30 \times 7)+(20 \times 4)+(10 \times 7) = 720$
그러므로, 윤주는 보완적 평가방식을 사용하여 종합 평가점수가 가장 높은 비행기를 선택하게 된다.

13 다음의 상품가격전략에 대한 설명 중 가장 옳은 것은?

① 목표이익가격결정(target profit pricing)방법은 기업이 설정한 목표이익을 실현하는 매출수준에서 제품가격을 결정하는 방법으로 소비자의 반응을 고려하여 가격을 설정하는 기법이다.
② 이중요율(captive-product pricing, two-part price) 방식은 제품의 가격체계를 기본가격과 사용가격으로 구분하여 책정하는 방법이다.
③ 침투가격정책(penetration pricing policy)은 신제품을 시장에 도입하는 초기에 저가격으로 신속하게 시장에 침투하는 전략으로 수요의 가격민감도가 낮은 제품에 적합하다.
④ 가치중심 가격결정(value-based pricing)방법이란 고객이 지각하는 제품의 가치에 맞춰 제품가격을 결정하는 방법으로 소비자가 제품의 가치를 높게 평가한다면 원가에 상관없이 고가격을 책정할 수 있다.
⑤ 초기 고가격전략은 타사의 신제품이 자사에 비해 성능, 디자인 등의 면에서 높은 우위를 가질 때 효과적으로 적용할 수 있다.

✔해설 ② 이중요율 방식은 2부제 가격이라고도 하는데, 2부제로 부가하는 가격정책을 말하며 구매량과는 상관없이 기본가격과 단위가격이 적용되는 가격 시스템을 의미한다.
① 목표이익가격결정은 해당 기업이 원하는 목표이익을 실현하는 매출수준에서 제품의 가격을 책정하는 방식으로 손익분기점분석을 이용하여 가격을 결정한다.
③ 침투가격정책은 처음에는 낮은 가격으로 제품의 가격을 내놓은 뒤 시장에 빠르게 침투하려는 가격책정 방식으로 소비자가 제품 가격에 대한 민감도가 높은 것처럼 수요의 가격탄력성이 높은 상황에서 적합하다.
④ 기준가격 결정방법에는 수요를 기준으로 하는 방식과 경쟁 제품을 기준으로 하는 방식, 원가나 가치를 기준으로 하는 방식 등이 있다. 이 가운데 고객이 지각하는 제품의 가치에 맞춰 이에 상응한 제품가격을 기준가격으로 결정하는 방법은 수요중심 가격결정 방식이다.
⑤ 초기 고가전략은 자사 신제품이 타사에 비해 높은 우위를 가질 때 효과적으로 적용시킬 수 있는 전략이다.

Answer 12.⑤ 13.②

14 다음 중 확률표본추출에 해당하는 것끼리 바르게 묶은 것은?

> ㉠ 판단 표본추출법　　　　㉡ 단순무작위 표본추출법
> ㉢ 군집 표본추출법　　　　㉣ 체계적 표본추출법
> ㉤ 편의 표본추출법

① ㉠㉡㉢　　　　　　　　　　② ㉠㉣㉤
③ ㉡㉢㉣　　　　　　　　　　④ ㉡㉢㉤
⑤ ㉢㉣㉤

> ✔해설　확률표본추출법에는 단순무작위 표본추출법, 층화 표본추출법, 군집 표본추출법, 체계적 표본추출법 등이 있다.

15 다음의 사례들을 참조하여 서술이 잘못된 것을 고르면?

> ㉠ 하우젠 세탁기 : "삶지 않아도~ 하우젠 드럼 세탁기"는 삶지 않아도 세탁 및 살균이 동시에 됨을 강조
> ㉡ 샴푸와 린스를 따로 쓰지 않는 겸용 샴푸 "하나로" : 시간 절약을 강조
> ㉢ 오뚜기 3분 요리 : 방법을 모르거나, 시간이 없어서 급히 해야 하는 상황을 강조
> ㉣ SKY의 "It's Different" : 무언가가 다름을 강조
> ㉤ 맥심커피 : "가슴이 따뜻한 사람과 만나고 싶다." 등의 이미지 강조

① ㉠은 자사 제품의 속성이 타 사와는 다르게 차별적 속성을 지니고 있음을 인지시킨다.
② ㉡은 자사의 제품이 특정 사용자층에 적합하다는 것을 인지시킨다.
③ ㉢은 자사 제품의 적절한 사용상황을 인지시킨다.
④ ㉣은 제품평가 차원에 따라 제품의 상품의 위치를 인지시킨다.
⑤ ㉤은 제품의 추상적 편익을 인지시킨다.

> ✔해설　㉣은 소비자들이 인지하는 기존의 경쟁제품과 비교함으로서 자사 제품의 편익을 강조하는 방법을 인지시키는 경쟁제품에 의한 포지셔닝이다.

16 아래의 내용을 참조하여 보았을 시에 고객데이터와 데이터 수집의 원천을 가장 올바르게 연결한 것은 무엇인가?

> 가. 기초인적데이터
> 나. 접촉/거래데이터
> 다. 조사데이터
> 라. 직접 입수 데이터
> 마. 제휴활용 데이터

> ㉠ 서베이 데이터, 패널 데이터, 직접반응 광고데이터
> ㉡ 거래정보(주문 구매이력, POS 데이터, 신용카드거래자료) 및 문의/불만 데이터(콜센터, AS/조직)
> ㉢ 고객리스트, 신청서, 제품보증서 카드, 인터넷
> ㉣ 타 기업의 고객정보, 전문정보 공급업체(회원명부, 센서스 자료 및 라이프스타일 자료)
> ㉤ 정보 중개자의 정보 간접 활용 및 제휴를 통한 타 기업 고객정보 간접 활용

	가	나	다	라	마
①	㉢	㉡	㉠	㉣	㉤
②	㉠	㉡	㉢	㉣	㉤
③	㉢	㉡	㉣	㉠	㉤
④	㉠	㉡	㉣	㉢	㉤
⑤	㉢	㉠	㉤	㉡	㉣

✔ 해설 가. 기초 인적 데이터는 고객리스트나 신청서, 제품보증서 카드 등을 통해 수집할 수 있다.
　　　　나. 접촉·거래 데이터는 주로 거래정보를 통해 수집된다.
　　　　다. 조사 데이터는 서베이 데이터나 패널 데이터를 통해 수집한다.
　　　　라. 직접 입수 데이터는 주로 전문적인 정보공급업체를 통해 입수한다.
　　　　마. 제휴 활용 데이터는 제휴를 통한 타 기업의 고객정보를 활용한다.

Answer 14.③ 15.④ 16.①

17 다음의 설명과 가장 관련이 깊은 것은?

> 이것은 단기적인 소비자의 욕구충족이 장기적으로는 소비자는 물론 사회의 복지와 상충되어짐에 따라서 기업이 마케팅활동의 결과가 소비자는 물론 사회전체에 어떤 영향을 미치게 될 것인가에 대한 관심을 가져야 하며 가급적 부정적 영향을 미치는 마케팅활동을 자제하여야 한다는 사고에서 등장한 개념이다.

① 마케팅 개념
② 사회지향적 마케팅 개념
③ 제품개념
④ 판매개념
⑤ 생산개념

> ✔해설 사회지향적 마케팅 개념은 기업의 이윤을 창출할 수 있는 범위 안에서 타사에 비해 효율적으로 소비자들의 욕구를 충족시키도록 노력하는데 있어서는 마케팅 개념과 일치하는데, 여기서 한발 더 나아가 사회 지향적 마케팅은 고객만족, 기업의 이익에 더불어서 사회 전체의 복지를 요구하는 개념이다.

18 다음의 그림을 참조하여 틀린 설명을 고르면?

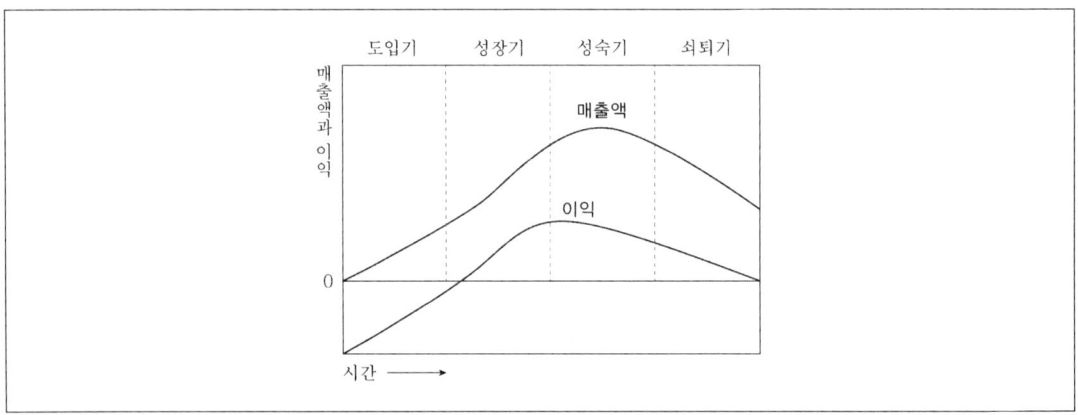

① 도입기에서 기업조직은 구매가능성이 가장 높은 고객에게 판매의 초점을 맞추고, 통상적으로 가격은 높게 책정되는 경향이 있다.
② 또한 도입기에서는 제품에 대한 수정이 이루어지지 않은 기본형 제품이 생산되고 있다.
③ 성장기에서는 실제적인 이익이 발생하게 되는 단계이다.
④ 성장기에서는 이윤이 증가하지만 경쟁상태도 포화가 된다.
⑤ 성숙기에서는 제품개선 및 주변제품개발을 위한 R&D 예산을 늘리게 된다.

> ✔해설 성장기에서는 이윤도 증가하지만 또한 유사품, 대체품을 생산하는 경쟁자도 늘어나게 되는 단계이다. 하지만 경쟁상태가 포화상태가 되는 것은 성숙기에 해당한다.

19 다음의 내용은 시장세분화 변수 중 무엇에 대한 것인가?

> • Maxwell House 커피는 제품을 전국적으로 생산, 판매하고 있으나, 맛을 지역적으로 다르게 하고 있다. 강한 커피를 좋아하는 서부지역에는 진한 커피를 팔고, 동부지역에는 그 보다 약한 커피를 판매한 사례
> • 학생 교복회사의 경우에 강남과 강북 학생 교복의 가격을 서로 다르게 책정하고 있어, 지역별 시장세분화 전략을 수행한 사례

① 취미에 따른 세분화
② 인지 및 행동적 세분화
③ 심리행태적 세분화
④ 인구통계적 세분화
⑤ 지리적 세분화

　✔해설　지리적 세분화는 고객이 살고 있는 거주 지역을 기준으로 하여 시장을 세분화하는 방법을 의미한다.

20 사업자가 자기가 취급하는 상품을 타사의 상품과 식별 (이름, 표시, 도형 등을 총칭)하기 위하여 상품에 사용하는 표지를 상표라 하는데, 다음 중 회사의 입장에서 상표의 좋은 점으로 보기 어려운 것은?
① 자사만의 제품특성을 법적으로 보호를 받음으로서, 타사가 모방할 수 없게 해준다.
② 상표를 사용함으로서, 판매업자로 인해 주문 처리와 문제점 추적을 쉽게 할 수 있다.
③ 고객의 자사제품에 대한 신뢰도를 구축하여 꾸준하게 구매가능성이 높은 고객층을 확보하도록 해준다.
④ 상표는 상품구매의 효율성을 높여준다. 구매자들은 특정 상품에 대한 충성도가 높으면 높을수록 해당 상품에 대한 식별을 용이하게 히여, 구매할 수 있기 때문이다.
⑤ 고객에 대한 기업의 이미지가 상승한다.

　✔해설　①②③⑤번은 회사의 입장에서 상표의 좋은 점을 설명한 것이며, ④번은 구매자 (소비자) 입장에서 상표의 좋은 점을 설명한 것이다.

Answer　17.② 18.④ 19.⑤ 20.④

21 통상적으로 소비재는 편의품, 선매품, 전문품 및 비탐색품 등으로 구분되어지는 데 이들 중 전문품에 대한 설명과 가장 거리가 먼 것은?

① 주로 구매력이 있는 소비자들만을 대상으로 판촉활동을 실시하는 것이 효과가 크다.
② 소비자가 특정상표에 대해 가장 강한 상표충성도를 보인다.
③ 제품에 대한 사전 지식에 의존하지 않고 주로 구매시점에 제품특성을 비교평가 후 구매하는 제품이다.
④ 제품차별성과 소비자 관여도가 매우 높은 특성을 지닌다.
⑤ 전속적 혹은 선택적 유통경로의 구축이 더욱 바람직하다.

> **해설** ③ 전문품(speciality goods)은 독특한 특징이나 브랜드 정체성이 있는 제품 및 서비스인데 소비자의 강한 브랜드 선호도 및 충성도를 지니고 있으며 특별한 구매노력을 기울인다. 또한, 브랜드의 대안 간 비교가 이루어지지 않으며 가격민감도가 낮다. 그렇기 때문에 소비자는 제품에 대한 사전지식에 의존하여 상품을 구매하는 것이 일반적이라 할 수 있다.

22 다음의 내용을 읽고 문맥 상 괄호 안에 들어갈 말을 순서대로 바르게 나열한 것을 고르면?

> 편의점 중 유일하게 실내 흡연실을 갖춘 '도시락카페' 덕분에 흡연자들은 추운 날씨에 몸을 움츠린 채, 벌벌 떨면서 담배를 태우지 않아도 되는 당당함을 느낄 수 있다. 흡연실과 함께 화장실 역시 기존 편의점에서는 볼 수 없는 공간으로, 고객들이 보다 편히 머물 수 있도록 배려했다. 1층 출입문 주변에는 와이셔츠·속옷·관광상품·화장품 등 생소한 (㉠)들이 비치됐으며, 한 끼 분량으로 낱개 포장된 싱글 푸드도 1인 가구 전용 공간에 진열됐다. (중략)
> '입지 적합한 업종은 어떤 것이 있을까'에서 박 소장은 "A급 입지는 금은방, 안경점, 여성의류전문점, 화장품전문점, 커피전문점, 베이커리 등 (㉡)이 적합하다."라며 "입지에 맞는 아이템을 분석해야 한다."고 소개했다. (중략)
> '도소매업의 창업 포인트'에서 (㉢)은 상품에 대한 전문 지식이 필요하고 더군다나 자본금이 많이 들므로 신규 개업은 어렵다.

① ㉠ 편의품, ㉡ 전문품, ㉢ 선매품
② ㉠ 선매품, ㉡ 편의품, ㉢ 전문품
③ ㉠ 선매품, ㉡ 전문품, ㉢ 편의품
④ ㉠ 전문품, ㉡ 선매품, ㉢ 편의품
⑤ ㉠ 편의품, ㉡ 선매품, ㉢ 전문품

> **해설** 편의품(Convenience Goods)은 구매빈도가 높은 저가의 제품(치약, 비누, 세제, 껌, 신문, 잡지 등)을 말한다. 더불어서 최소한의 노력과 습관적으로 구매하는 경향이 있는 제품이다. 선매품(Shopping Goods)은 소비자가 가격, 품질, 스타일이나 색상 면에서 경쟁제품을 비교 후에 구매하는 제품(패션의류, 승용차, 가구 등)을 말하며, 전문품(Specialty Goods)은 소비자 자신이 찾는 품목에 대해서 전문 지식을 갖추고 이에 대해 너무나 잘 알고 있으며, 그것을 구입하기 위해서 특별한 노력을 기울이는 제품을 말한다.

23 다음 박스 안의 내용이 설명하는 것은?

> 이것은 시끄러운 잔칫집에서 한 화자에게만 주의하고 유사한 공간 위치에서 들려오는 다른 대화를 선택적으로 걸러내는 능력을 묘사한 것으로 여러 사람들이 모여 한꺼번에 이야기하고 있음에도 자신이 관심을 갖는 이야기를 골라 들을 수 있는 것 다시 말해 주의가 특정 채널에 선택적인지 혹은 이야기 내용에도 선택적일 수 있는지와 관련하여 언급된다.

① 재핑
② 칵테일파티 효과
③ 의도적 노출
④ 우연적 노출
⑤ 선택적 노출

> ✔ 해설 칵테일파티 효과(Cocktail Party Effect)는 여러 사람이 모여 이야기해도 자신이 관심을 갖는 이야기만 골라 듣는 현상을 말한다.

24 다음 박스 안의 내용과 가장 연관성이 높은 것은?

> • 생명보험, 전집류, 헌혈, 전기충전식 1인용 스쿠터
> • 제품의 존재를 인식하게 하기 위한 광고, 설득적 인적 판매

① 구매빈도가 높은 저관여 저가격의 일상용품이다.
② 습관적 구매보다는 여러 브랜드를 놓고 비교 구매하는 경향이 많은 제품들이다.
③ 소비자의 상표충성도가 높은 제품이다.
④ 최종제품의 부분을 구성하지 않고 생산과정을 돕는 제품이다.
⑤ 당장 필요하지 않아 구매를 고려하고 있지 않은 제품이다.

> ✔ 해설 보기의 내용은 비탐색품에 대한 것이다. 비탐색품은 소비자에게 알려지지 않는 혁신제품, 인지하고는 있지만 구매를 고려하지 않고 있는 제품, 또는 당장에 필요하지 않아 구매를 고려하고 있지 않은 제품을 의미한다.

Answer 21.③ 22.⑤ 23.② 24.⑤

25 다음의 사례를 보고 괄호 안에 들어갈 말로 가장 적절한 것은?

> 이는 지난 21일 개최된 '한국지방세학회'에서 만난 지방세 공무원들에게는 이미 희망이 사라진 듯 보였다. '절망'감에 가득 찬 그들의 표정에서는 일에 대한 의욕도, 믿음도 사라져 가는 듯 했다. "제 동료는 26세에 공무원이 되어 현재 53세입니다. 7급에서 6급으로 승진이 가능할지 희망이 안 보인다고 합니다. 저는 아예 승진을 포기한 상태입니다", "승진할 수 있을 것이라는 희망이 안 보입니다", '이제는 거의 포기상태입니다'. 이렇게 희망이 사라져 가니, 징세업무에도 소극적이 된다는 것이 그들의 말이다. "열심히 세금 걷어 봤자, 우리가 쓰는 것도 아니고 정부에서 우리의 업무에 대해 보상을 제대로 해 주는 것도 아닌데 그냥 대충대충 하자"는 인식이 지방세 공무원들 사이에 팽배해 있다는 것이다. 매슬로우의 욕구단계이론을 적용해 보면 공무원들에게 있어 승진누락, 인사적체 문제는 이러한 (　　　　)를 좌절시키는 중요한 요인이 된다.

① 생리적 욕구　　　　　　　② 안전의 욕구
③ 사회적 소속감의 욕구　　　④ 존중의 욕구
⑤ 자아실현 욕구

✔해설 매슬로우의 욕구 5단계설 중 자아실현의 욕구는 인간의 기본 욕구 가운데 최고급 욕구로, 자신의 잠재적 능력을 최대한 개발해 이를 구현하고자 하는 욕구를 의미한다.

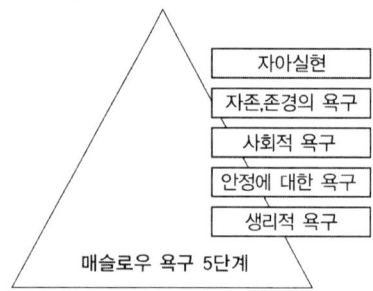

매슬로우 욕구 5단계

26 다음은 넬슨이 주장한 소매상점 입지의 원칙 8가지 중에서 그 일부를 발췌하여 설명한 것이다. 이를 참조하여 각각이 의미하는 바를 정확하게 나열한 것을 고르면?

> • 수익을 올릴 수 있는 잠재력을 가진 상권이어야 한다. → 상권의 잠재력
> • 소비자를 실질적으로 확보할 수 있어야 한다. → (㉠)
> • 서로 보완되는 상품을 취급하는 점포와 양립하면 유리하다. → 양립성
> • 고객의 주거지와 기존 점포의 중간에 위치하는 것이 좋다. → 중간저지성
> • 비슷하거나 같은 점포가 몰려 있어야 한다. → (㉡)
> • 향후 성장할 수 있어야 한다. → 성장가능성

① ㉠은 누적적 흡인력을 의미하고, ㉡은 접근가능성을 의미한다.
② ㉠은 경쟁회피성을 의미하고, ㉡은 경제성을 의미한다.
③ ㉠은 접근가능성을 의미하고, ㉡은 누적적인 흡인력을 의미한다.
④ ㉠은 경제성을 의미하고, ㉡은 경쟁회피성을 의미한다.
⑤ ㉠은 장애요소를 의미하고, ㉡은 공생가능성을 의미한다.

✔해설 소비자를 실질적으로 확보할 수 있어야 한다는 것은 접근가능성(㉠)을 나타내며, 비슷하거나 같은 점포가 몰려 있어야 하는 것은 누적적 흡인력(㉡)을 의미한다.

Answer 25.⑤ 26.⑤

27 다음 박스 안의 내용을 참조하여 각 내용이 의미하는 바를 적절하게 표현한 것을 고르면?

> - (㉠)으로 동일한 상품일지라도 소비자에 따라 품질이나 성과가 다르게 평가되는데, 예를 들면 동일한 여행 일정으로 여행을 다녀온 소비자들 간에도 해당 여행에 대한 평가는 서로 다를 수 있다.
> - 한국병원경영연구원 신현희 연구원은 24일 대한병원협회에서 개최된 '국내병원의 START 홍보전략' 세미나에서 변화하고 있는 병원 홍보 트렌드에 대해 소개했다. 신현희 연구원은 "의료서비스는 사물이 아니기 때문에 진열이나 설명이 어렵고 환자가 직접 시술을 받기 전에는 확인이 불가능한 (㉡)적인 측면이 있다"고 말했다.

① 서비스의 특성 중 ㉠은 소멸성을 의미하고, ㉡은 무형성을 의미한다.
② 서비스의 특성 중 ㉠은 비분리성을 의미하고, ㉡은 소멸성을 의미한다.
③ 서비스의 특성 중 ㉠은 무형성을 의미하고, ㉡ 이질성을 의미한다.
④ 서비스의 특성 중 ㉠은 소멸성을 의미하고, ㉡은 이질성을 의미한다.
⑤ 서비스의 특성 중 ㉠은 이질성을 의미하고, ㉡은 무형성을 의미한다.

✔해설 ㉠ 이질성은 서비스의 생산 및 인도과정에서의 가변성 요소로 인해 서비스의 내용과 질이 달라질 수 있다는 것을 의미하며, ㉡ 무형성은 소비자가 제품을 구매하기 전, 오감을 통해 느낄 수 없는 것을 말한다. 다시 말해, 무형의 혜택을 소유할 수는 없는 것이다.

28 다음의 사례들을 토대로 공통적으로 의미하는 바를 정확하게 나타낸 것은?

[사례 1]
- 분유회사 중 네슬레는 광고에서 아기가 태어난 지 2~3개월까지는 모유를 먹이라고 권하면서 모유를 먹이기 힘든 상황에 직면해 있다면 엄마의 젖과 가장 비슷한 자사의 제품을 이용하는 것도 나쁘지 않다고 홍보하고 있다.

[사례 2]
- 지난 2002년 프랑스 맥도날드는 "어린이들은 1주일에 한 번만 맥도날드에 오세요"라는 광고를 내보냈다. 이러한 광고가 나간 후 일반 소비자뿐만 아니라 미국 맥도날드 본사까지도 황당함을 금치 못했다. 이에 프랑스 맥도날드는 '패스트푸드가 비만의 원인'이라는 사회적 비판이 높아지자 우리는 다른 패스트푸드 업체와는 달리 소비자의 건강을 생각하는 회사라는 긍정적인 이미지를 심기 위해 구매하지 말라는 광고를 제작하게 된 것이고 해당 광고 후 맥도날드의 방문횟수는 정반대로 늘어났다.

[사례 3]
- SK텔레콤은 2001년 신세기통신을 합병하면서 시장점유율이 57%로 확대되었다. 당시 정통부는 점유율을 50% 이하로 낮추는 조건으로 인수를 허용했다. 그로 인해 SK텔레콤은 이동전화 사업을 시작한 이래 처음 가입자를 받지 말아야 하는 상황에 이르게 되었다. 이 때 등장한 광고가 그 유명한 '꼭 011이 아니어도 좋습니다' 입니다. 속사정을 모르는 일반 시청자들이 봤을 때는 역시 1위 사업자니까 저런 여유도 부리는구나 했겠지만 당시 SK텔레콤의 속은 타들어갔는데, 하지만 이를 통해 SK텔레콤의 이미지는 한결 산뜻해졌고, 불량가입자도 솎아내는 성과를 거둘 수 있었다.

① 터보 마케팅
② 그린 마케팅
③ 노이즈 마케팅
④ 디 마케팅
⑤ 바이럴 마케팅

> **✓ 해설** 디 마케팅(Demarketing)은 기업 조직들이 자사의 제품을 많이 판매하기보다는 반대로 소비자들의 시장에서의 구매를 의도적으로 줄임으로 인해 적절한 수요를 창출하게 되고, 장기적으로는 보았을 때 수익의 극대화를 꾀하는 마케팅 기법이다.

Answer 27.⑤ 28.④

29 아래의 표를 참조하여 시장세분화 조건에 해당하는 것을 모두 고르시오.

㉠ 유지 가능성	㉡ 실행 가능성
㉢ 측정 가능성	㉣ 접근 가능성
㉤ 외부적 동질성	㉥ 내부적 이질성

① ㉠, ㉡
② ㉠, ㉣, ㉤
③ ㉡, ㉢, ㉣
④ ㉢, ㉣, ㉤
⑤ ㉠, ㉡, ㉢, ㉣

> ✔해설 시장세분화의 조건으로는 유지가능성, 접근가능성, 측정가능성, 실행가능성, 내부적 동질성 및 외부적 이질성 등이 있다.

30 소비자 구매행동 유형 중 부조화 감소 구매행동(Dissonance-Reducing Behavior)과 가장 거리가 먼 것은?

① 소비자의 관여도가 높은 제품을 구매할 때 주로 발생한다.
② 구매 후 결과에 대하여 위험부담이 높은 제품에서 빈번하게 발생한다.
③ 주로 고가의 제품이나 전문품을 구매할 때 빈번하게 발생한다.
④ 주기적, 반복적으로 구매해야 하는 제품을 구매할 때 빈번하게 발생한다.
⑤ 각 상표 간 차이가 미미한 제품을 구매할 때 빈번하게 발생한다.

> ✔해설 소비자 구매행동의 유형을 구매자의 관여도와 브랜드 차이 정도에 근거하여 복잡한 구매행동, 부조화 감소 구매행동, 습관적 구매행동, 다양성 추구 구매행동으로 구분할 수 있다. 부조화 감소 구매행동은 비싸고, 가끔 발생되고, 위험이 수반되는 구매로 인해 소비자가 그 구매에 높이 관여되어 있지만 브랜드 간에 별 차이가 없을 때 발생한다.
> ④ 주기적·반복적으로 구매해야 하는 제품을 구매할 때 발생하는 것은 습관적 구매행동이다.

31 다음과 같이 기존 유통채널에 새로운 유통채널이 추가되는 경우, 이로 인해 발생하는 이익을 가장 잘 설명한 것을 고르면?

> 기사제목 : 자동차 판 하이마트 문 연다.
> 국산차, 수입차를 브랜드 구분 없이 한 장소에서 비교해보고 구매할 수 있는 이른바 자동차 판 하이마트(양판점)가 연내에 전국 19곳에서 문을 연다. 차 전문 양판점은 이번에 국내에서 처음 시도되는 것이다. 수십 년 간 계속된 기존 국내 자동차시장의 '원 브랜드 숍(one brand shop : 하나의 브랜드만으로 상품을 구비한 매장)' 방식의 유통구조에 적지 않은 변화가 예상된다.

① 제조업자는 규모의 경제를 실현하기 위해 가능한 한 전통적 유통채널을 활용하여 자신이 생산한 제품의 차별화를 원하지만 구매자들은 가능한 많은 대안들 중에서 특정제품을 선택하고 싶어 함으로써 양자 간에 불일치가 발생하게 되는데, 이는 이러한 유통경로에 의해 해소될 수 있다.
② 제조업자와 소비자 사이에 이러한 중간상이 개입하게 되면 제조업자는 소수의 중간상과 거래할 수 있으므로 수많은 소비자와 개별적 거래를 하는 불편에서 벗어날 수 있다.
③ 유통경로에서 다양하게 수행되는 기능들, 즉 수급조절, 보관, 위험부담, 정보수집 등을 제조업자가 모두 수행하기보다는 전문성을 갖춘 이러한 유통업체에게 맡기는 것이 보다 경제적이다.
④ 중간상의 참여로 생산자와 소비자 간의 직접거래에 비해 거래빈도의 수 및 이로 인한 거래비용을 낮춘다.
⑤ 제조업자들은 목표 잠재고객들이 어디에 위치하고 있고 어떻게 그들에게 도달할 수 있는지를 알기가 어려워 이를 파악하기 위해 상당한 비용을 지불하여야 하므로, 이러한 중간상을 이용하면 적은 비용으로 더 많은 잠재고객에 도달할 수 있고 탐색비용도 줄일 수 있다.

> **해설** 위에 제시된 내용은 복수경로 시스템 또는 혼합 마케팅 경로에 대한 내용을 나타낸 것이다. 복수경로 시스템은 규모가 크고 복잡한 시장에 직면하고 있는 기업에게 매출을 증가시키고, 시장범위를 확대할 수 있고 상이한 세분시장 소비자의 특별한 요구에 자사의 제품과 서비스를 맞출 수 있는 기회를 얻을 수 있다. ① 규모의 경제 및 제품의 차별화는 서로 상충되는 개념이다.

Answer 29.⑤ 30.④ 31.①

32 다음의 그림을 참조하여 가장 옳지 않은 것을 고르면?

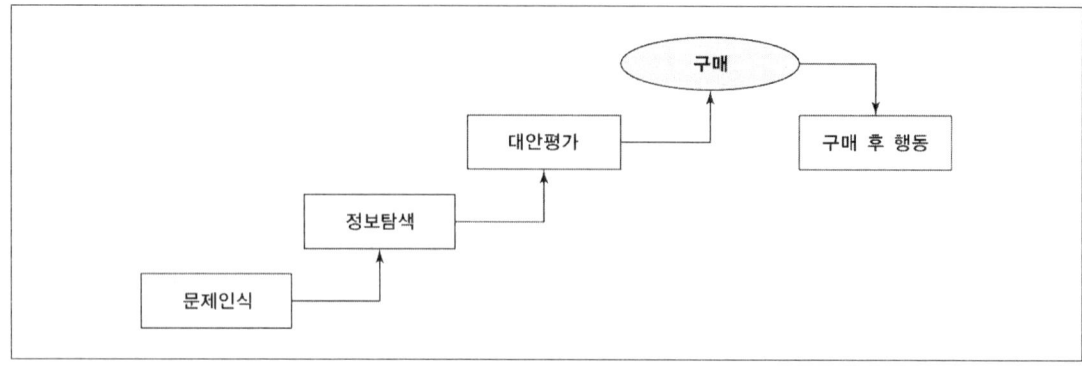

① 문제인식은 어떤 사람이 추구하는 바람직한 상태와 실제로는 그렇지 못한 상태와의 차이라고 할 수 있다
② 정보탐색 중 내부탐색은 자신의 기억 외의 원천으로부터 정보를 탐색하는 활동을 의미한다.
③ 대안의 평가는 정보를 수집하는 중간이나 또는 정보를 수집한 후에 소비자는 그 동안의 정보탐색을 통해 알게 된 내용을 기반으로 구매대상이 되는 여러 대안들을 평가하게 되는 단계이다.
④ 구매단계는 소비자의 여러 대안에 대한 태도가 정해지면, 구매의사를 결정해서, 구매행동으로 옮기는 단계이다.
⑤ 구매 후 행동은 구매의사결정 과정의 마지막 단계로써, 소비자의 구매결과를 평가하는 단계이다.

> **해설** 내부탐색은 자신의 기억 또는 내면 속에 저장되어 있는 관련된 정보에서 의사결정에 도움이 되는 것을 끄집어내는 과정을 의미한다.

33 다음은 매슬로우의 욕구단계설과 관련한 기사이다. 이를 토대로 괄호 안에 들어갈 말로 가장 적합한 것을 고르면?

> 새누리당의 공천은 현재 진행형이어서 공정한 공천을 이룰 수 있는 기회는 아직도 많다. 행여 당 차원의 공천이 불공정하게 흐른다면 후보들은 상대를 비방하고 막말을 통해 분위기를 자신들 쪽으로 돌리려고 할 것은 자명하다. 뭐니 뭐니 해도 이번 선거의 가장 큰 관심사는 도지사 선거이다. 후보 경선에 들어간 홍준표 지사와 박완수 전 창원시장은 오는 7일부터 2차례의 TV토론과 3차례의 순회 연설회를 가진다. 지금까지 두 후보는 막말 수준은 아니더라도 끊임없이 상대를 공격했다. 두 후보가 이번 경선 기간 동안 보여줄 말과 행동은 경남지역 전체 공천 분위기에도 영향을 미칠 수 있다는 점에서 상호 비방 없는 깨끗한 경쟁을 기대한다.
>
> 미국의 심리학자인 매슬로우는 인간의 욕구를 5단계로 나누고, 이 단계를 사람들이 일종의 연대감을 느끼는 (　　　　)로 봤다. 막장드라마의 시청률이 높은 것은, 욕하는 시청자들이 일종의 연대감을 가지면서 집단이 형성되기 때문이라고 분석하기도 한다. 그러나 선거판의 막장은 드라마와 달리 시청률, 즉 지지율이 올라가지 않고 오히려 더 떨어질 수 있다. 선거에 있어서 막장이 통하지 않을 만큼 유권자들은 성숙해졌다. 내가 상대방을 인정하지 않는다면 상대방도 나를 인정하지 않는 것은 인간사회의 기본 덕목이다.

① 생리적 욕구
② 안전의 욕구
③ 사회 소속감의 욕구
④ 존경의 욕구
⑤ 자아실현의 욕구

> **해설** 사회 소속감의 욕구는 인간이 집단을 만들고 싶다거나 또는 동료들로부터 받아들여지고 싶다는 욕구이다. 인간은 사회적인 존재이므로 어디에 소속되거나 자신이 다른 집단에 의해서 받아들여지기를 원하고 동료와 친교를 나누고 싶어 하고, 이성간의 교제나 결혼을 원하게 된다.

Answer 32.② 33.③

34 다음 중 산업재 구매의사결정에 영향을 미치는 요인 중 개인적 요인에 해당하는 것은?

① 감정이입
② 소득
③ 절차
④ 시스템
⑤ 교육

> ✔해설 산업재 구매의사결정에 영향을 미치는 요인에는 권위, 지위, 감정이입, 설득 등이 있다.
> ※ 산업재 구매의사결정에 영향을 미치는 요인
> ㉠ 환경적 요인 : 경제적 발전, 공급 조건, 기술 변화, 정치적 규제상의 발전 등
> ㉡ 조직적 요인 : 목적, 정책, 절차, 조직구조, 시스템 등
> ㉢ 개인적 요인 : 권위, 지위, 감정이입, 설득 등
> ㉣ 대인적 요인 : 연령, 소득, 교육, 직위, 개성 등

35 다음 지문을 읽고 괄호 안에 들어갈 말로 가장 적합한 것을 고르면?

> (   )가 필요한 이유는 기업이 현재 당면한 마케팅 문제와 상황, 조사목적 또는 필요한 정보에 대한 정확한 정의 없이 조사 진행을 하면, 도출된 결과가 마케팅 문제를 해결하는 데 도움이 되지 못하고, 오히려 비용과 시간 및 노력을 낭비한 결과를 초래할 확률이 커지기 때문이다.

① 인과조사
② 기술조사
③ 탐색조사
④ 마케팅조사
⑤ 역학조사

> ✔해설 탐색조사는 업의 마케팅 문제와 현 상황을 보다 잘 이해하기 위해서, 조사목적을 명확히 정의하기 위해서, 더불어 필요한 정보를 분명히 파악하기 위해서 시행하는 예비조사를 의미하는데, 특정 문제가 잘 알려져 있지 않은 경우에 적합한 조사방법을 말한다.

36 다음 자료수집 방법에 대한 설명 중 2차 자료에 대한 설명으로 바르지 않은 것은?

① 2차 자료는 현재 조사자의 조사 목적에 도움을 줄 수 있는 기존에 나와 있는 모든 자료를 의미한다.
② 2차 자료는 통상적으로 자료의 취득이 쉬운 편이다.
③ 비용이나 시간 면에서 1차 자료에 비해 상당히 저렴하다고 할 수 있다.
④ 자료를 수집하는 목적이 조사의 목적과 일치하지 않을 수 있다.
⑤ 전화서베이, 대인면접법 등이 대표적인 조사방법이다.

> ✔해설 2차 자료는 현 조사의 목적에 도움을 줄 수 있는 모든 자료이므로 2차 자료의 대표적인 예로는 정부간행물, 각종 통계자료 등이 있다. ⑤는 1차 자료의 조사방법에 해당한다.

37 다음 중 비교 광고(Comparative Advertising)의 효과에 관한 내용으로 가장 거리가 먼 것을 고르면?

① 경쟁브랜드에 높은 선호도를 가진 소비자에게는 효과가 작다.
② 고관여 제품의 경우 비교 광고의 새로운 내용이 소비자들의 주의를 끄는데 더욱 효과적이므로 보다 적합하다.
③ 기존 제품에 비해 두드러진 장점을 가지고 있으나 아직 충분히 알려지지 않은 신규 브랜드에서 더욱 효과적이다.
④ 일반적으로 인지적이며 감정적인 동기가 동시에 일어날 때 그리고 소비자들이 세부적이며 분석적인 상태에서 광고를 처리하는 경우에 효과가 최상으로 발휘된다.
⑤ 과학적인 실험을 통하여 검증된 내용을 근거로 비교 광고가 실행될 때 그 효과가 더욱 크다.

> ✔해설 광고의 메시지 소구방식으로 비교 광고, 유머소구, 공포소구 등이 있다. 비교 광고는 시장에 새로 진입하는 후발 브랜드나 시장점유율이 낮은 브랜드가 자사 브랜드의 차별성을 부각시켜 소비자의 고려상표군에 들어가는 데 효과적이다. 그러나 시장선도 브랜드나 고관여 제품의 경우에는 비교 광고를 하지 않는다.

Answer 34.① 35.③ 36.⑤ 37.②

38 다음 중 면접법에 대한 설명으로 가장 옳지 않은 것을 고르면?

① 연구자와 응답자 서로간의 언어적인 상호작용을 통해 필요한 자료를 수집하는 방법을 의미한다.
② 타인에 대한 영향의 배제가 가능한 조사방법이다.
③ 절차가 상당히 단순하고 용이하다.
④ 응답을 표준화해서 비교할 시에 어려움이 따를 수도 있다.
⑤ 넓은 지역에 걸쳐 분포된 사람을 대상으로 하는 어려움이 있다.

> ✔해설 면접법의 경우 사전에 전화를 해서 협력을 얻어야 하고, 조사대상 자의 시간에 맞추어 일정을 잡고, 직접 찾아가 만나야 하는 등의 문제가 있으므로 절차가 복잡하고 불편하다는 문제점이 있다.

39 다음 중 전화면접법에 대한 설명으로 바르지 않은 것을 고르면?

① 특정 주제에 대해 응답의 회피가 나타날 수 있다.
② 컴퓨터를 이용한 자동화 조사가 가능하다.
③ 한 시점에 나타나는 일에 대해 정도가 높은 정보취득이 가능하다.
④ 표본의 분포가 좁고 한정되어 있다.
⑤ 보조도구를 사용하기 어렵다.

> ✔해설 전화면접법은 전화라는 도구의 사용으로 인해 표본의 분포가 상당히 폭 넓고 다양하다.

40 다음 중 우편질문법에 대한 설명으로 옳지 않은 것은?

① 응답에 대한 회수율이 상당히 낮다.
② 면접자가 없으므로 면접자의 개인적 특성 및 면접자들 사이의 차이에서 나올 수 있는 오류가 나타나지 않게 된다.
③ 질문에 대한 통제가 가능하다.
④ 주제에 관심이 있는 사람들만이 응답할 우려가 많다.
⑤ 무응답된 질문에 대한 처리가 어렵다.

> ✔해설 우편질문법은 이미 질문이 인쇄되어 응답자들에게 보내지고, 조사자 없이 응답자가 응답해야 하므로 질문에 대한 통제가 불가능하다는 문제점이 있다.

41 다음 중 설문조사과정으로 바른 것은?

① 필요한 정보의 결정 → 자료수집방법의 결정 → 개별항목의 내용결정 → 질문형태의 결정 → 개별문항의 완성 → 질문의 수와 순서결정 → 설문지의 외형결정 → 설문지의 사전조사 → 설문지 완성

② 필요한 정보의 결정 → 자료수집방법의 결정 → 개별항목의 내용결정 → 질문의 수와 순서결정 → 설문지의 외형결정 → 질문형태의 결정 → 개별문항의 완성 → 설문지의 사전조사 → 설문지 완성

③ 필요한 정보의 결정 → 자료수집방법의 결정 → 설문지의 외형결정 → 설문지의 사전조사 → 설문지 완성 → 개별항목의 내용결정 → 질문형태의 결정 → 개별문항의 완성 → 질문의 수와 순서결정

④ 개별문항의 완성 → 질문의 수와 순서결정 → 설문지의 외형결정 → 필요한 정보의 결정 → 자료수집방법의 결정 → 개별항목의 내용결정 → 질문형태의 결정 → 설문지의 사전조사 → 설문지 완성

⑤ 질문의 수와 순서결정 → 설문지의 외형결정 → 자료수집방법의 결정 → 개별항목의 내용결정 → 필요한 정보의 결정 → 개별문항의 완성 → 질문형태의 결정 → 설문지의 사전조사 → 설문지 완성

✔ 해설 필요한 정보의 결정 → 자료수집방법의 결정 → 개별항목의 내용결정 → 질문형태의 결정 → 개별문항의 완성 → 질문의 수와 순서결정 → 설문지의 외형결정 → 설문지의 사전조사 → 설문지 완성

Answer 38.③ 39.④ 40.③ 41.①

42 소비재 시장과 비교한 산업재 시장의 특성과 가장 거리가 먼 것은?

① 공급자와 구매자의 밀접한 관계가 형성되어 있다.
② 산업재 시장의 구매자는 전문적 구매를 하는 경향이 있다.
③ 산업재 수요는 궁극적으로 소비재 수요로부터 파생된다.
④ 산업재 수요는 소비재 수요에 비해 가격 탄력적이다.
⑤ 산업재 수요는 소비재 수요에 비해 수요의 변동이 심하다.

> **해설** 통상적으로 소비재에 대한 수요자는 소비자들이므로 이들은 가격변동에 민감하게 작용하기 때문에 수요 탄력성이 탄력적이다. 하지만 산업재의 수요자는 생산자이므로 이들은 가격변동에 덜 민감하게 작용하여 수요탄력성은 소비재에 비해 비탄력적이다.

43 다음의 설명 중 틀린 것을 고르면?

① 표본 프레임은 표본이 실제 추출되는 연구대상 모집단의 목록을 의미한다.
② 모집단은 통계적 관찰의 대상에 포함되는 집단의 일부를 의미한다.
③ 표본크기의 결정은 조사의 중요도에 따라 정해진 목표정도를 만족시킬 수 있는 범위에서 적절한 수준이 좋다.
④ 표본추출방법의 결정방법에는 크게 확률 표본추출방법과 비확률 표본추출방법이 있다.
⑤ 조사대상자의 선정에서는 실제적인 조사대상자를 선정하는 단계이다.

> **해설** 모집단은 통계적 관찰의 대상에 포함되는 집단의 전체를 의미한다.
> ※ 모집단 및 표본
>   ㉠ 모집단 : 관심의 대상이 되는 모든 개체의 집합
>   ㉡ 표본 : 모집단을 대표할 수 있도록 선택된 모집단 일부, 실제의 분석에 사용되는 집단

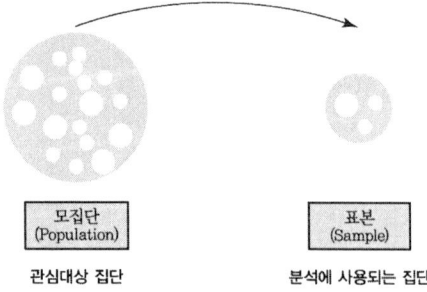

44 다음 중 확률표본추출방법에 대한 설명으로 가장 옳지 않은 것은?

① 모집단에 대한 정보를 필요로 하지 않는다.
② 표본오차에 대한 추정이 가능한 방법이다.
③ 시간 및 비용 등이 상당히 필요한 방법이다.
④ 무작위 추출방식을 선택한다.
⑤ 표본으로써의 추출될 확률이 알려져 있을 때 활용하는 방법이다.

> **해설** 확률표본추출방법은 모집단에 대한 정보를 필요로 한다.

45 다음 중 비확률표본추출방법에 대한 내용으로 가장 거리가 먼 것은?

① 표본오차의 추정이 불가능하다.
② 인위적인 추출이 가능한 방법이다.
③ 모집단에 대한 정보를 필요로 하지 않는 방법이다.
④ 표본으로 추출될 확률을 알 수 있을 때 활용가능한 방법이다.
⑤ 시간과 비용이 적게 들어가는 방법이다.

> **해설** 비확률표본추출방법은 표본으로 추출될 확률을 모를 때 활용가능한 방법이다.

46 다음 내용들의 공통적인 가격정책으로 바른 것은?

- 택시 기본요금 + 추가요금
- 놀이공원 입장료 + 사용료
- 휴대전화 기본료 + 추가사용료
- 전기세 기본료 + 추가 사용료

① 묶음가격 ② 종속제품가격
③ 관습가격 ④ 준거가격
⑤ 2부제 가격

> **해설** 2부제 가격은 제품에 대한 가격을 기본료와 사용료로 구분하여 2부제로 부과하는 가격정책을 의미한다.

Answer 42.④ 43.② 44.① 45.④ 46.⑤

47 다음 중 광고에서 유머소구의 효과로 볼 수 없는 것만을 나열한 것은?

> ㉠ 비유머 메시지보다 설득력이 높다.
> ㉡ 주의를 끄는데 효과적이다.
> ㉢ 광고물과 광고하는 브랜드에 호감을 증가시킨다.
> ㉣ 전달자의 신뢰성을 높여준다.
> ㉤ 브랜드에 대한 이해를 방해한다.

① ㉠, ㉡, ㉢, ㉣, ㉤
② ㉠, ㉡, ㉢, ㉣
③ ㉡, ㉣, ㉤
④ ㉡, ㉢, ㉣, ㉤
⑤ ㉠, ㉣, ㉤

✔해설 광고의 메시지 소구방식으로써 비교 광고, 유머소구, 공포소구 등이 있는데, 유머소구의 경우에는 소비자들의 주의를 유발하는데 있어 효과적이고, 이러한 유머를 접한 소비자의 긍정적인 무드가 광고자체에 대한 태도는 물론 제품에 대한 태도에도 긍정적 영향을 미친다.

48 다음 그림과 관련한 설명으로 가장 거리가 먼 것은?

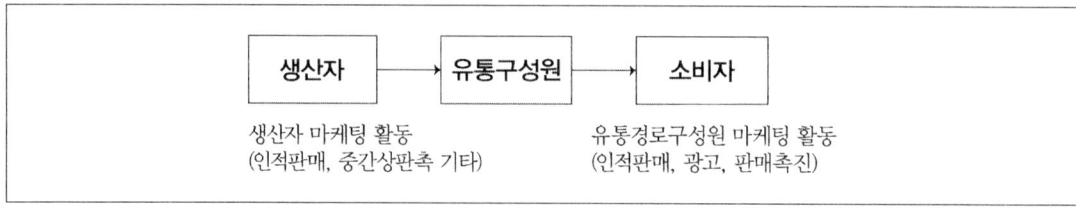

① 그림으로 보아 제조업자는 도매상에게 도매상은 소매상에게, 소매상은 소비자에게 제품을 판매하게 만드는 전략을 의미한다.
② 이러한 전략의 목적은 중간상들로 하여금 자사의 상품을 취급하도록 하고, 소비자들에게 적극 권유하도록 하는 데에 있다고 볼 수 있다.
③ 소비자들의 제품에 대한 브랜드 애호도가 낮다.
④ 이러한 전략의 경우 제품에 대한 브랜드 선택이 점포 방문 전에 미리 이루어진다.
⑤ 충동구매가 잦은 제품의 경우에 적합한 전략이다.

✔해설 위 그림은 푸시(Push Strategy)전략에 대한 것이다. 이러한 전략은 제품 브랜드에 대한 선택이 점포 안에서 이루어진다.

49 다음 중 광고에 대한 설명으로 바르지 않은 것은?

① 광고는 광고주가 비용을 지불하고 사람이 아닌 각종 매체를 통해 자사의 제품을 널리 알리는 촉진활동을 말한다.
② 광고주가 아이디어, 제품 또는 서비스를 촉진하기 위해 무료의 형태로 제시하는 인적 매체를 통한 촉진방법이다.
③ 소비자들에게 상대적으로 낮은 신뢰도를 보인다.
④ 광고의 내용이나 위치, 일정 등이 통제가 가능한 방식이다.
⑤ 신문광고, TV와 라디오 광고, 온라인 광고 등이 있다.

✔ 해설 광고는 광고주가 아이디어, 상품 또는 서비스를 촉진하기 위해 유료의 형태로 제시하는 비인적인 매체를 통한 촉진방법이다.

50 다음 판매촉진의 기능으로 보기 어려운 것은?

① 고비용 판촉기능
② 정보제공의 기능
③ 행동화의 기능
④ 효과측정의 기능
⑤ 지원보강의 기능

✔ 해설 판매촉진은 보통 광고 수수료가 필요 없으므로, 저비용으로 촉진활동을 할 수 있기 때문에, 중소기업의 신제품 소개나 판매에 활용된다.

Answer 47.⑤ 48.④ 49.② 50.②

51 다음 중 소비자 대상 판매촉진에 해당하는 것들로 바르게 묶은 것은?

㉠ 견본품	㉡ 구매공제
㉢ 입점공제	㉣ 프리미엄
㉤ 할인쿠폰	㉥ 진열공제

① ㉠, ㉡
② ㉠, ㉢
③ ㉢, ㉥
④ ㉣, ㉤
⑤ ㉣, ㉥

✔해설 소비자 판촉을 위한 수단으로는 할인쿠폰, 리베이트, 보너스 팩, 보상판매, 할인행사, 샘플 및 무료 시용권, 사은품, 경품, 게임, 콘테스트 등이 있다.

52 포장화, 상표명, 특성, 품질, 스타일 등 소비자들이 제품으로부터 추구하는 혜택을 구체적인 물리적인 속성들의 집합으로 유형화시킨 것을 무엇이라고 하는가?

① 비매품
② 비탐색품
③ 핵심제품
④ 확장제품
⑤ 유형제품

✔해설 유형제품은 제품의 유형적 측면을 나타내는 것, 즉 제품의 물리적 형태를 취하고 있는 제품을 의미한다.

53 다음 중 온라인 쇼핑을 어렵게 하는 요인과 가장 거리가 먼 것을 고르면?

① 웹의 속도와 안전성
② 구매과정에서의 속도
③ 서비스 및 지원 등에 대한 불안
④ 기존 구매채널과의 관계
⑤ 구입을 강요하는 구매환경의 부재

✔해설 구입을 강요하는 구매환경이 없다는 것은 온라인 쇼핑을 쉽게 할 수 있게 만드는 요인이 된다.

54 다음 그림을 보고 제시된 내용 중 가장 옳지 않은 것을 고르면?

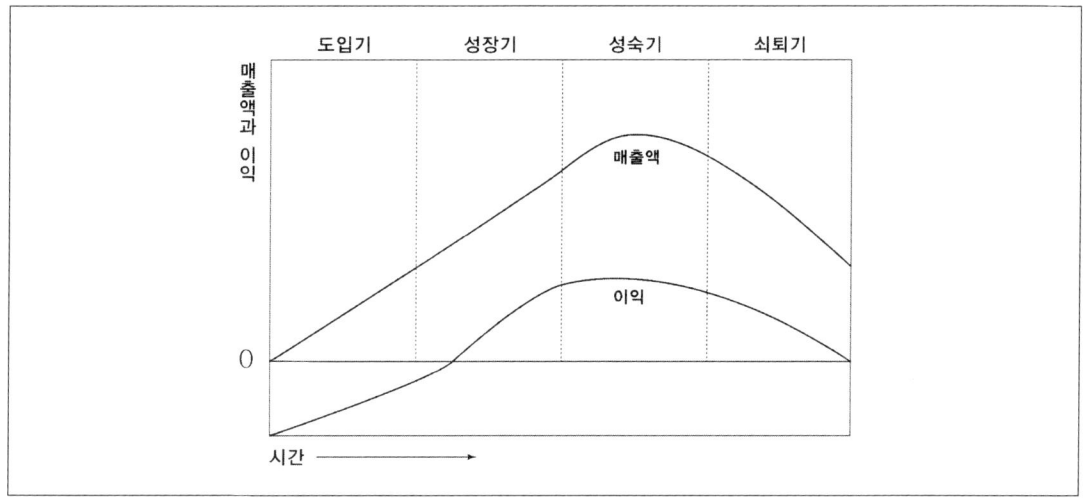

① 가장 첫 단계인 도입기에서는 제품의 출시 단계인 관계로 소비자들에게 제품에 대한 인지나 수용도가 낮은 단계라 할 수 있다.
② 성장기에서는 시장에서 제품에 대한 실제적인 이익이 발생하는 단계로 볼 수 있다.
③ 성숙기에서의 판매성장률은 둔화되기 시작한다.
④ 쇠퇴기에서는 판매로 인한 이익의 최고조 상태에 달하게 된다.
⑤ 제품수명주기는 크게 도입기 → 성장기 → 성숙기 → 쇠퇴기의 4가지 단계로 구분된다.

✅ 해설 쇠퇴기에서는 제품들의 판매가 감소되면서 이익의 잠식을 초래하게 되는 단계로 접어들게 된다.

Answer 51.④ 52.⑤ 53.⑤ 54.④

55 다음은 포지셔닝에 대한 설명들이다. 설명으로 가장 바르지 않은 것을 고르면?

① 경쟁제품에 의한 포지셔닝은 소비자들이 인지하고 있는 기존의 경쟁제품과 비교함으로써 자사 제품의 편익을 강조하는 전략을 말한다.
② 속성에 의한 포지셔닝은 자사제품의 속성이 경쟁제품에 비해 차별적인 속성을 가지고 있어 그에 대한 혜택을 제공한다는 것을 소비자에게 인지시키는 전략을 의미한다.
③ 이미지에 의한 포지셔닝은 제품이 가지고 있는 실제적인 편익을 소비자들에게 소구하는 전략이다.
④ 사용상황에 의한 포지셔닝은 자사 제품의 적절한 사용상황을 묘사함으로서 경쟁사의 제품과는 사용의 상황에 따라 차별적으로 다르다는 것을 소비자에게 인지시키는 전략을 의미한다.
⑤ 제품사용자에 의한 포지셔닝은 제품이 특정 사용자의 계층에 적합하다고 소비자에게 강조하여 포지셔닝하는 전략을 의미한다.

✔ 해설 이미지에 의한 포지셔닝은 제품이 지니고 있는 추상적인 편익을 소구하는 전략을 말한다.

56 다음 중 간판이나 정보안내 홍보물에 대한 설명 중 가장 잘못된 것을 고른 것은?

① 점포의 간판은 주위 건물이나 시설물의 색깔과 다르게 하여 용이하게 구별할 수 있고 점포 이름이 선명하게 보여야 한다.
② 정면간판은 하나만 달고 같은 건물에 여러 점포가 있을 경우에 공동간판을 세우는 것이 정보 전달에 있어 효과적이다.
③ 간판에 너무 많은 내용을 담으려 하지 말고 통행인이 한 눈에 읽을 수 있도록 글자 수를 최소화하며 색깔도 단순하게 한다.
④ 점포에서 판매하고 있는 제품과 어울리는 그림을 넣으면 글씨보다 더욱 효과적으로 정보를 전달할 수 있다.
⑤ 점포의 홍보물은 여러 개를 연이어 설치하는 것보다 하나만 설치하는 것이 깔끔하여 정보전달에 있어 더욱 효과적이다.

✔ 해설 점포의 홍보물은 하나만 설치하는 것보다는 여러 개를 연이어 설치하는 것이 오히려 소비자들에게 반복적으로 인식하게 되어 정보전달에 있어 더욱 효과적이다.

57 아래의 내용을 참조하여 괄호 안에 들어갈 말을 차례로 표기한 것을 고르면?

> - (㉠)은 판매지역별로 자사의 제품을 취급하기를 원하는 중간상들 중에서 일정 자격을 갖춘 하나 이상 또는 소수의 중간상들에게 판매를 허가하는 전략이다.
> - (㉡)은 각 판매지역별로 하나 또는 극소수의 중간상들에게 자사제품의 유통에 대한 독점권을 부여하는 방식의 전략을 말한다.
> - (㉢)은 가능한 한 많은 소매상들로 해서 자사의 제품을 취급하게 하도록 함으로서, 포괄되는 시장의 범위를 확대 시키려는 전략이다.

① ㉠ 전속적 유통, ㉡ 선택적 유통, ㉢ 개방적 유통
② ㉠ 선택적 유통, ㉡ 전속적 유통, ㉢ 개방적 유통
③ ㉠ 전속적 유통, ㉡ 개방적 유통, ㉢ 선택적 유통
④ ㉠ 선택적 유통, ㉡ 개방적 유통, ㉢ 전속적 유통
⑤ ㉠ 개방적 유통, ㉡ 선택적 유통, ㉢ 전속적 유통

✔ 해설 ㉠의 선택적 유통은 판매지역별로 자사의 제품을 취급하기를 원하는 중간상들 중에서 일정 자격을 갖춘 하나 이상 또는 소수의 중간상들에게 판매를 허가하는 전략이다. ㉡의 전속적 유통은 각 판매지역별로 하나 또는 극소수의 중간상들에게 자사제품의 유통에 대한 독점권을 부여하는 방식의 전략을 말한다. ㉢의 집약적 유통은 가능한 한 많은 소매상들로 해서 자사의 제품을 취급하게 하도록 함으로서, 포괄되는 시장의 범위를 확대 시키려는 전략이며 집약적 유통이라고도 한다.

Answer 55.③ 56.⑤ 57.②

CHAPTER 05 인적자원관리

1 노동조합의 숍제도 중 다음의 설명에 해당하는 것은?

> 사용자가 비조합원을 자유로이 고용할 수 있는 제도로 조합가입이 고용의 전제조건이 아닌 제도이다. 따라서 노동조합의 안정도 측면에서는 가장 취약한 제도라고 할 수 있다. 즉 조합원, 비조합원에 관계없이 채용 가능하며 사용자측에 가장 유리하다.

① 유니온 숍
② 오픈 숍
③ 클로즈드 숍
④ 에이전시 숍
⑤ 메인터넌스 숍

✔ 해설
- 유니온 숍: 사용자가 비조합원도 자유로이 고용할 수 있지만 고용된 근로자는 일정한 기간 내에 조합에 가입하여야 하는 제도이다.
- 클로즈드 숍: 신규 직원 채용시 조합원만 사용자에게 고용될 수 있는 제도로 노동 조합이 노동공급의 유일한 원천이 되는 제도이므로 노동조합에 가장 유리한 제도이다.
- 에이전시 숍: 조합원이든 비조합원이든 간에 모든 종업원은 단체교섭의 당사자인 노동조합에 조합비를 납부할 것을 요구하는 제도이다.
- 메인터넌스 숍: 일단 단체협약이 체결되면 기존 조합원은 물론 단체협약이 체결된 이후에 가입한 조합원도 협약이 유효한 기간 동안은 조합원으로 머물러야 한다는 제도이다.

2 임금관리 공정성에 대한 설명으로 옳은 것은?

① 내부공정성은 노동시장에서 지불되는 임금액에 대비한 구성원의 임금에 대한 공평성 지각을 의미한다.
② 외부공정성은 단일 조직 내에서 직무 또는 스킬의 상대적 가치에 임금수준이 비례하는 정도를 의미한다.
③ 직무급에서는 직무의 중요도와 난이도 평가, 역량급에서는 직무에 필요한 역량 기준에 따른 역량평가에 따라 임금수준이 결정된다.
④ 개인공정성은 다양한 직무 간 개인의 특질, 교육정도, 동료들과의 인화력, 업무몰입 수준 등과 같은 개인적 특성이 임금에 반영된 척도를 의미한다.
⑤ 조직은 조직구성원에 대한 면접조사를 통하여 자사 임금수준의 내부, 외부공정성 수준을 평가할 수 있다.

> ✅ **해설** 내부 공정성은 기업 내부의 공정성을 의미하는 것으로 조직의 직무·직능·근속 및 성과에 따라 보상을 달리함으로써 공정성을 유지·확보하는 것이다. 내부공정성 확보는 개인의 만족과 효용성 증대에 중요한 역할을 한다.
> 개인공정성은 근로자 자신의 노력에 대한 적정보상 차원의 공정성이고, 대인비교 공정성은 다른 사람이 받는 보상과 나의 것을 비교하는 공정성을 말한다.
> 외부공정성은 기업이 종업원에게 나누어 줄 임금총액의 크기와 관련되는 것으로 해당 기업의 임금수준이 동종경쟁기업의 임금수준과 비교하였을 때 공정성을 확보하고 있느냐에 관한 것이다.

3 다음 괄호 안에 들어갈 말을 순서대로 바르게 나열한 것을 고르면?

> (㉠)은/는 임금수준의 하한선에서 조정되는 것이고, (㉡)은/는 임금수준의 상한선에서 조정이 되며, (㉢)은/는 임금수준의 가운데에서 조정이 된다.

① ㉠ 생계비 수준, ㉡ 기업의 지불능력, ㉢ 사회 일반적 임금수준
② ㉠ 생계비 수준, ㉡ 사회 일반적 임금수준, ㉢ 기업의 지불능력
③ ㉠ 기업의 지불능력, ㉡ 사회 일반적 임금수준, ㉢ 생계비 수준
④ ㉠ 기업의 지불능력, ㉡ 생계비 수준, ㉢ 사회 일반적 임금수준
⑤ ㉠ 사회 일반적 임금수준, ㉡ 생계비 수준, ㉢ 기업의 지불능력

> ✅ **해설** 생계비 수준은 임금수준의 하한선에서 조정되는 것이고, 기업의 지불능력은 임금수준의 상한선에서 조정이 되며, 사회 일반적 임금수준은 임금수준의 가운데에서 조정이 된다.

4 집단성과급제의 한 유형으로, 단순한 성과에 대한 보너스를 나누어 주는 것이 아닌 종업원들의 잠재력을 극대화시키는데 목적을 둔 제도는?

① 럭커 플랜
② 스캔론 플랜
③ 임프로쉐어 플랜
④ 커스터마이즈 플랜
⑤ 브로드밴딩 플랜

> ✅ **해설** 스캔론 플랜 … 조직개발이론에 바탕을 두고 참여형 경영의 실현에 중점을 둔 제도로, 단순한 성과에 대한 보너스를 지급하는 보너스제도와 달리 종업원들의 잠재력 극대화를 위한 제도이다. 다른 성과배분제도에 비해 보너스 계산방식이 단순하여 회계지식과 장부처리가 필요하지 않으며, 참가자들이 이를 이해하기 쉽고 종업원들의 노력과 지급되는 보너스간의 인과관계가 명확하다는 장점이 있다.

Answer 1.② 2.③ 3.① 4.②

5 다음의 사례를 가장 잘 표현한 것을 고르면?

> 처음 보는 사람을 평가할 때 몇 초 안에 첫인상이 모든 것을 좌우한다고 할 수 있다. 첫인상이 좋으면 이후에 발견되는 단점은 작게 느껴지지만 첫인상이 좋지 않으면 그의 어떠한 장점도 눈에 들어오지 않는 경우가 많다. 면접관들이 면접자들을 평가 할 때 그들의 부분적인 특성인 외모나 용모, 인상 등만을 보고 회사 업무에 잘 적응할 만한 사람이라고 판단하는 경우 이러한 효과가 작용했다고 할 수 있다. 미국 유명 기업 CEO들의 평균 신장이 180cm를 넘는다는 것 역시 큰 키에서 우러나오는 것들이 다른 특징들을 압도했다고 볼 수 있을 것이다.
>
> 소비자들이 가격이 비싼 명품 상품이나 인기 브랜드의 상품을 판단할 때 대상의 품질이나 디자인에 있어 다른 브랜드의 상품들에 비해 우수할 것이라고 생각하는 경우도 역시 이러한 내용이 작용한 결과라고 볼 수 있다. '브랜드의 명성'이 라는 일부에 대한 특성이 품질, 디자인 등 대상의 전체적인 평가에까지 영향을 준 것이다.
>
> 축구선수 차두리는 아버지 차범근의 영향을 받아 국가대표 시절 큰 기대를 받았다. 차범근의 축구 실력을 아들도 이어받았을 것이라고 생각한 것이다. 배우 이완과 엄태웅 역시 각각 누나인 김태희와 엄정화의 효과를 받아 데뷔 시절부터 큰 주목을 받았다.

① 스스로가 지각할 수 있는 사실들을 집중적으로 조사해가면서, 알고 싶어하지 않는 것들을 무시해 버리는 경향이다.
② 고과자가 스스로가 가지고 있는 특성과 비교하여 피고과자를 고과하는 것이다.
③ 근무성적평정 등에 있어서 평정 결과의 분포가 우수한 쪽으로 집중되는 경향을 말하는 것이다.
④ 논리적으로 놓고 볼 때 관련이 있다고 생각되는 특성들 간에 비슷한 점수들을 주는 것이다.
⑤ 어떤 한 부분에 있어 어떠한 사람에 대해서 호의적인 태도 등이 다른 부분에 있어서도 그 사람에 대한 평가에 영향을 주는 것이다.

> ✔ **해설** 현혹효과 (Halo Effect)는 어떤 한 부분에 있어 어떠한 사람에 대해서 호의적인 태도 등이 다른 부분에 있어서도 그 사람에 대한 평가에 영향을 주는 것을 의미하는데, 예를 들어 종업원 선발 시 면접관에게 면접에서 좋은 인상을 준 사람에 대해, 면접관들이 생각할 때 그 사람에게서 좋은 인상을 받은 만큼 업무에 대한 책임감이나 능력 등도 좋은 것이라고 판단하는 것을 의미한다. ①번은 지각적 방어, ②번은 대비오차, ③번은 관대화 경향, ④번은 논리적 오류를 각각 설명한 것이다.

6 다음 아래의 글을 읽고 밑줄 친 부분과의 연관성이 가장 떨어지는 것을 고르면?

> 인터넷과 테크놀로지의 폐해에 대한 통찰력으로 현대의 정보사회의 스승으로 칭송받는 니콜라스 카는 인터넷이 우리의 뇌에 어떤 악영향을 끼치는지 즉, 인터넷에 의한 검색과 연결로 인해 인간은 스스로의 사색을 통해 깊고 넓게 사유하는 방법을 잊어가고 있음을 경고한다. 포드자동차에 적용된 테일러 시스템이라는 것이 있다. 과학적 관리법이라고도 말해지는 이것은 인간의 행동과 시간을 유기적으로 연결해 효율성 및 생산성을 극대화하는 것이다. 이것으로 말미암아 현대의 대량생산 및 대량소비 체제가 가능하게 됐다. 니콜라스 카는 이 테일러 시스템이 우리의 육체에 피해를 준 것처럼 구글로 대표되는 인터넷이 우리의 뇌에 악영향을 끼치고 있다고 말한다. 정리하자면 인터넷이 수많은 정보를 빠르게 찾아줌으로써 사람들에게 도움을 주지만 동시에 인간의 집중력과 사색 능력을 쇠퇴시킨다는 주장이다. 그는 고백하기를 어린 시절부터 컴퓨터와 인터넷에 몰두하다 보니 어느 순간 자신의 사고방식이 파편화됐고 톨스토이를 읽는 것이 불가능할 정도로 몰두하는 능력과 깊게 생각하는 능력이 저하됐다고 한다. 인터넷은 그야말로 정보의 바다다. 짧은 시간 내에 원하는 많은 정보에 접근할 수 있다. 하지만 그 정보는 파편화된 것으로 이것이 진정 우리에게 가치로운 것이 되기 위해서는 그 정보들을 서로 교직해 연결하고 더 나아가 그 정보가 갖는 숨겨진 의미를 통찰할 수 있어야만 한다. 그렇게 하기 위해서는 반드시 '습'의 과정, 즉 사색을 통하여 사유하고 이를 내면화하는 과정이 반드시 필요하다. 투자의 세계 역시 혼돈의 바다다. 엄청나게 많은 정보와 데이터와 소문이 시시각각 쏟아져 나온다. 그리고 각각의 정보와 데이터와 소문은 인간의 욕망과 공포와 뒤범벅되어 도무지 분간할 수 없는 총체적인 아노미 상태를 변주한다. 불확정성이 지배하고 나비효과가 횡행하는 이 상태를 스스로 정리할 수 있는 방법은 깊게 그리고 넓게 사유하고 통찰하는 것 외에는 없다. 영화 '모던 타임즈'에서 찰리 채플린이 스스로 강고한 <u>테일러 시스템</u>에서 빠져나와 인간성을 회복하듯 제대로 된 투자를 위해서는 스스로 혼돈의 바다에서 빠져나와 자신이 듣고 배운 바를 내면화하는 시간이 절대적으로 필요하며 이것은 성공적인 투자를 위해 반드시 해야만 할 소중한 투자이다.

① 기업 조직에 있어서 기획 및 실행의 분리를 기본으로 하고 있다.
② 사회적 인간관을 기반으로 하고 있다.
③ 식장제도를 끌어들여 종업원들과 운영자가 서로의 직책에 따라 업무하여 일을 하고, 협력할 수 있게 하였다.
④ 인간의 신체를 기계처럼 생각하고 취급하는 철저한 능률위주의 관리이론이다.
⑤ 기계적 및 폐쇄적인 조직관을 지니고 있다.

✔해설 테일러의 과학적 관리론은 경제적 인간관이라는 가정을 기반으로 하고 있다.

Answer 5.⑤ 6.②

7 다음 아래의 글을 읽고 밑줄 친 부분에 관한 내용으로 가장 옳지 않은 것을 고르면?

> '인정 넘치는 일할 맛 나는 공간'. 산업단지 소프트웨어 개선의 핵심 방향이다. 지식경제부의 'QWL(Quality of Working Life·근로생활의 질) 밸리 조성'으로 불리는 이 사업은 한 마디로 산업단지를 일하고 배우고 즐기는 곳으로 만들자는 계획이다. 생산시설뿐 아니라 각종 복지시설과 편의시설을 넣고, 대학과 연구기관도 입주시켜 젊은이들이 일하고 싶은 곳으로 변모시키려는 활동으로 지난해부터 추진됐다. 산업단지가 대부분 만들어진 지 40년 이상 지나면서 낡고 불편한, 생산기능에만 충실한 공간이 되면서 나온 반성이다. 젊은 근로자들이 취업을 기피하면서 국가 경제의 중추인 산업단지의 활력이 떨어지고 있기 때문이다. 현재 반월시화, 남동, 구미, 익산단지 등 전국 6개 산단에서 QWL 시범사업이 진행 중이다. 복지·편의시설뿐 아니라 교육이나 문화예술 시설과 관련 프로그램을 확충해 젊은 근로자들이 일하고 싶어 하는 생기 넘치는 공간으로 만들어 가고 있다. QWL사업을 실시하는 한국산업단지공단은 부족한 산업단지 복지·편의시설 확충에 나서 보육시설을 전국 7개 산업단지에서 건설 중이다. 또 지난 6월부터 시화산단에서 출근길 6대, 퇴근길 7대의 통근버스를 운영하고 있다. 산업단지가 대부분 도심이나 주거지역에서 멀리 떨어져 있어 대중교통 수단으로 접근이 쉽지 않은 데 따른 조치다. 12월까지 시범운행 결과를 지켜본 뒤 내년부터 운행 노선을 본격 확대하기로 했다. 산업단지공단은 지난 6월 안산시 화랑유원지에서 '2012 산단가족 아트앤바자(Art&Bazaar) 축제'를 열었다. 입주기업 CEO, 근로자 및 가족, 외국인근로자, 다문화가족, 지역주민 등 3000여명이 함께 축제를 즐기고 있다. 안중헌 산단공 미래경영전략실장은 "어린이집 확충과 통근버스 투입이 시급하다. 이를 위해선 정부와 지자체의 협조가 절실하다"면서 "이 문제가 우선 해결되지 않을 경우 산업단지 노령화가 조만간 대두될 수 있다"고 말했다.

① 이는 직장과 근로 현장에서 질을 높이려는 도입하게 되는 방법이라 할 수 있다.
② 이를 실시하기 위해서는 장시간이 소요된다.
③ 많은 전문 인력 등을 필요로 한다.
④ 경영자들이 변화담당자에게 권한을 이양하는 것을 꺼리기 때문에 실시하는데 많은 어려움을 지니고 있다.
⑤ 시간 및 인력의 잉여로 인해 거의 제대로 실행되어지는 경우가 일반적이다.

✔ 해설　QWL은 시간 및 인력의 부족으로 인해 거의 제대로 실행되어지는 경우가 많다.

8 다음 인적자원관리의 환경에 관한 내용 중 그 성격이 다른 하나는?

① 노동조합의 발전
② 정보기술의 발전
③ 경제여건의 변화
④ 가치관의 변화
⑤ 정부개입의 증대

> ✔ 해설 ①②③⑤번은 인적자원관리의 외부환경에 대한 것이며, ④번은 인적자원관리의 환경 중 내부 환경에 대한 내용이다.

9 다음 인적자원의 보상에 관한 설명 중 바르지 않은 것은?

① 판매가격 순응임률제는 기업 조직의 이윤 및 임금을 결부시키는 것으로, 기업의 이윤지수가 변할 때에는 그에 순응하여 임률을 변동 및 조정하도록 하는 제도를 의미한다.
② 집단자극제는 집단의 조화가 중요하므로, 서로 간 팀워크와 협동심이 높아진다.
③ 럭커플랜은 노사협력체제에 의해 달성된 생산성의 향상분을 해당 기업의 안정적 부가가치 분배율로 노사 간 배분하는 방식이다.
④ 스캔론플랜은 구성원들의 참여의식을 독려하기 위해 구성원들의 참여 및 개선된 생산의 판매 가치를 기반으로 한 성과배분제이다.
⑤ 순응임률제란 조건이 변동하게 되면, 이에 순응하여 임금률도 자동적으로 변동 내지 조정되는 제도를 의미한다.

> ✔ 해설 ① 판매가격 순응임률제 제품의 가격과 구성원에 대한 임금률을 연관시켜서 제품에 대한 판매가격이 변동하면 그에 따라 임률도 변동하도록 하는 제도를 의미한다.

Answer 7.⑤ 8.④ 9.①

10 다음은 직무등급 기술서에 대한 설명이다. 이 중 직무등급과 이들 특성과의 연결이 바르지 않은 것을 고르면?

① 1등급 – 단순하면서도 지극히 반복적인 일, 구체적 지시 하에 이루어지며, 그에 따른 훈련 등이 거의 필요치 않으며, 그에 따른 책임이나 재량권이 요구되지 않는다.
② 2등급 – 복잡하면서도 일회성이다.
③ 3등급 – 단순하면서도 예외적인 일들이 거의 일어나지 않는다.
④ 4등급 – 수행하는 작업이 복잡하며, 야간의 예외적인 부분들이 발생한다.
⑤ 5등급 – 작업이 복잡함과 동시에 변화도 많다.

✔ 해설 2등급 – 단순하면서도 반복적이다.

11 다음은 직무기술서에 포함되어지는 내용들이다. 이 중 바르지 않은 것은?

① 타 작업자들과의 비공식적인 상호작용
② 직무에 대한 명칭
③ 직무에 따른 활동 및 절차
④ 감독의 범위 및 성격
⑤ 실제 수행되는 과업 및 사용에 필요로 하는 각종 원재료 및 기계

✔ 해설 직무기술서에 포함되는 내용
㉠ 직무에 대한 명칭
㉡ 직무에 따른 활동과 절차
㉢ 실제 수행되는 과업 및 사용에 필요로 하는 각종 원재료 및 기계
㉣ 타 작업자들과의 공식적인 상호작용
㉤ 감독의 범위와 성격
㉥ 종업원들의 작업조건 및 소음도, 조명, 작업 장소, 위험한 조건과 더불어 물리적인 위치 등
㉦ 종업원들의 고용조건, 작업시간과 임금구조 및 그들의 임금 형태와 부가적인 급부, 공식적인 기업 조직에서의 직무 위치, 승진이나 이동의 기회 등

12 다음은 직무평가의 방법 중 서열법에 관한 내용이다. 이 중 가장 거리가 먼 것을 고르면?

① 쉬우면서도 간편하다.
② 평가대상의 직무수가 많으면, 활용이 어렵다.
③ 절대적인 성과차이를 구별할 수 있다.
④ 평가 시 평가자의 주관이 개입될 수 있다.
⑤ 비용이 저렴하다.

✔ 해설 ③ 서열법에서는 절대적인 성과차이를 구별할 수 없다.

13 다음 직무평가의 방법 중 분류법은 서열법을 발전시킨 형태이다. 이 중 분류법에 대한 설명으로 가장 옳지 않은 것은?

① 사전에 규정된 등급 또는 어떠한 부류에 대해 평가하려는 직무를 배정함으로써 직무를 평가하는 방법이다.
② 이를 위해서는 직무등급의 수 및 각각의 등급에 해당되는 직무의 특성을 명확하게 해 놓은 직무등급 기술서가 있어야 한다.
③ 직무들의 수가 점점 많아지고 내용 또한 복잡해지게 되면, 정확한 분류를 할 수 없게 된다.
④ 분류자체에 대한 정확성을 확실하게 보장할 수 있다.
⑤ 고정화된 등급 설정으로 인해 사회적, 경제적, 기술적 변화에 따른 탄력성이 부족하다.

✔ 해설 ④ 분류법은 분류자체에 대한 정확성을 확실하게 보장할 수 없다.

14 다음 중 평가센터법에 대한 내용으로 적절하지 않은 항목은?

① 이 방식은 피고과자 집단을 구성해서 평가가 이루어지며, 보통 평가자도 다수로 이루어진다.
② 현대의 기업에서 경영자의 배출이 중요한 이슈로 등장하게 됨에 따라 이는 주로 중간 관리층의 능력 평가를 위해서 실시하는 기법이다.
③ 피고과자의 재능을 표출하는데 있어, 동등한 기회를 가진다.
④ 여러 가지 평가기법 및 다수의 평가자가 동원되므로 평가에 대한 신뢰도가 높고, 피고과자의 업적이 아닌 잠재능력, 적성 등에 초점을 맞추어 승진의사결정이나 교육훈련 및 인력공급 예측에 적합하다.
⑤ 이 방식은 비용 및 효익 등의 측면에서 그 경제성이 의문시되지 않는다.

✔해설 평가센터법은 비용 및 효익의 측면에서 그 경제성이 의문시된다.

15 다음 아래의 표는 인사고과의 기법 중 하나를 나타낸 것이다. 이를 보고 잘못 설명된 것을 고르면?

평가요소 피평가자	직무의양	직무의질	지식	협조성	적극성	신뢰성	순위 합계	종합 순위
A	2	1	2	3	1	2	11	2
B	1	3	1	1	2	1	9	1
C	3	2	3	2	3	3	16	3
D	4	5	5	4	5	5	28	5
E	5	4	4	5	4	4	26	4

① 이러한 방식은 간단하면서도 실시가 용이하다.
② 동일하지 않은 직무에 대해서도 적용이 가능한 방식이다.
③ 비용이 저렴한 방식이다.
④ 피고과자의 수가 많게 되면 서열을 결정하기가 힘들고, 수가 너무 적게 되면 고과의 의미가 없게 된다.
⑤ 서열법은 조직의 종업원 근무능력 및 근무성적에 대해서 순위를 매기는 방법이다.

✔해설 위 표는 서열법을 나타낸 것이다. 서열법의 경우에는 동일한 직무에 대해서만 적용이 가능한 방식이다.

16 다음 중 목표에 의한 관리 (MBO)의 조건에 대한 내용으로 가장 거리가 먼 것은?

① 설정된 목표에 대해서 기대되는 결과를 확인할 수 있는 목표이어야 한다.
② 측정 가능함과 동시에 계량적인 목표이어야 한다.
③ 정해진 시간 안에 달성 가능한 목표이어야 한다.
④ 현실적이면서, 달성 가능한 목표이어야 한다.
⑤ 추상적인 목표 제시가 되어야 한다.

> **해설** 목표에 의한 관리 (MBO)의 조건
> ㉠ 측정 가능함과 동시에 계량적인 목표이어야 한다.
> ㉡ 구체적인 목표 제시가 되어야 한다.
> ㉢ 설정된 목표에 대해 기대되는 결과를 확인할 수 있는 목표이어야 한다.
> ㉣ 현실적이면서, 달성 가능한 목표이어야 한다.
> ㉤ 정해진 시간 안에 달성 가능한 목표이어야 한다.

17 다음 중 인적자원계획의 효과로 바르지 않은 것은?

① 신 사업기회의 확보능력이 감소된다.
② 적정한 교육훈련계획의 수립이 가능하다.
③ 효과적인 인적자원 계획으로 인한 종업원의 사기와 만족이 증대된다.
④ 적정한 수의 인적자원 확보를 통한 노동비용의 감소 및 그에 따른 충원비용의 절감효과가 이루어진다.
⑤ 불필요한 노동력의 감소와 증대에 따른 통제가 용이하며, 기업의 전반적인 인적자원 유지전략이 상당히 용이하다.

> **해설** 신 사업기회의 확보능력이 증가된다.

18 다음 중 단순한 배치가 아닌 기업 조직에 필요한 시기 및 직무를 계획적으로 체험시키기 위한 인사관리 상의 구조를 말하는 것으로 업무내용의 변화가 아닌 다른 업무로의 로테이션 또는 동종의 직군에서 다른 직무로의 로테이션, 또는 동종의 직군에서 장소적으로 다른 곳으로의 로테이션을 의미하는 것은?

① 대용승진
② 직무순환
③ 직무분석
④ 직무기술서
⑤ 직무명세서

✔해설 직무순환은 조직 구성원들의 직무영역을 변경하여 여러 방면에서의 경험이나 지식을 쌓게 하기 위한 인재양성 방법이다.

19 다음 교육훈련 중 OJT(On The Job Training)에 관한 내용으로 가장 거리가 먼 것은?

① 각 종업원의 습득 및 능력에 맞춰 훈련할 수 있다.
② 낮은 비용으로 훈련이 가능하다.
③ 일과 훈련에 따른 심적 부담이 증가된다.
④ 다수의 구성원들을 훈련시키는 데 있어 상당히 효과적인 방법이다.
⑤ 훈련이 추상적이 아닌 실제적이다.

✔해설 ④번은 OFF JT(Off The Job Training)에 관한 설명이다.

20 다음 직무평가의 평가요소에 해당하지 않는 것은?

① 숙련
② 노력
③ 책임
④ 작업조건
⑤ 급여

✔해설 직무평가의 평가요소
㉠ 숙련
㉡ 노력
㉢ 책임
㉣ 작업조건

21 다음 중 현대적인 인사고과시스템 설계에 있어서의 기본원칙으로 바르지 않은 것은?

① 기업중시의 원칙
② 협동 및 경쟁의 원칙
③ 다면평가의 원칙
④ 수용성의 원칙
⑤ 계량화의 원칙

> ✔ **해설** 현대적인 인사 고과시스템 설계에 있어서의 기본원칙
> ㉠ 계량화의 원칙
> ㉡ 고객중시의 원칙
> ㉢ 협동 및 경쟁의 원칙
> ㉣ 다면평가의 원칙
> ㉤ 종합관리의 원칙
> ㉥ 과업특성 고려의 원칙
> ㉦ 수용성의 원칙
> ㉧ 목적별, 계층별 평가의 원칙

22 다음 인사고과에 대한 설명 중 바르지 않은 것은?

① 강제할당법을 적용할 경우 평가자의 관대화나 중심화 경향이 쉽게 나타날 수 있으므로 이를 방지하기 위한 대안으로 평정척도법이 적용된다.
② 인사고과에 있어 절대평정은 다른 구성원의 성과에 기초하여 평정하는 것이 아니므로 집단 간 비교가 가능하다.
③ 목표관리법은 목표를 설정한다는 점에서 직무분석과 유사하지만, 그 목표가 직무에 대해서가 아니라 개인에 대하여 설정된다는 점에서 다르다.
④ 1차 고과자가 평가한 내용을 반영해 2차 고과자가 적당히 평가하는 행동에서 발생하는 오류는 2차 고과자의 오류이다.
⑤ 연공오류는 피고과자가 내포한 연공속성, 즉 연령, 학력 등이 평가에 영향을 미치는 오류이다.

> ✔ **해설** ① 평정척도법을 적용할 경우 평가자의 관대화나 중심화 경향이 쉽게 나타날 수 있으므로 이를 방지하기 위한 대안으로 강제할당법이 적용된다. 평정척도법은 피평가자의 자질을 직무수행상 달성한 정도에 따라 사전에 마련된 척도를 근거로 하여 평가할 수 있도록 하는 방법이다.

23 다음 중 최저임금제의 기대효과로 옳지 않은 것을 고르면?

① 근래 복지국가의 사회복지제도의 기초가 된다.
② 산업구조의 고도화에 기여한다.
③ 지나친 저임금, 산업간, 직종 간의 임금격차를 개선한다.
④ 고임금에 의존하는 기업에 충격을 주어 경영개선, 경영합리화 및 효율화를 기하여 기업근대화를 촉진시킨다.
⑤ 기업의 지나친 저임금에 의존하는 값싼 제품의 제조 및 판매로 인한 공정거래 질서를 행하는 기업의 정리로 인해 공정한 경쟁의 확보가 가능하다.

✔ 해설 최저임금제의 기대효과
  ㉠ 산업구조의 고도화에 기여한다.
  ㉡ 근래 복지국가의 사회복지제도의 기초가 된다.
  ㉢ 지나친 저임금, 산업간, 직종 간의 임금격차를 개선한다.
  ㉣ 저임금에 의존하는 기업에 충격을 주어 경영개선, 경영합리화 및 효율화를 기하여 기업근대화를 촉진시킨다.
  ㉤ 기업의 지나친 저임금에 의존하는 값싼 제품의 제조 및 판매로 인한 공정거래 질서를 행하는 기업의 정리로 인해 공정한 경쟁의 확보가 가능하다.

24 다음 임금체계의 종류 중 연공급에 관한 설명으로 부적절한 것을 고르면?

① 전문 인력의 확보가 용이하다.
② 정기승급에 의한 생활보장으로 기업에 대한 귀속의식이 강하다.
③ 능력업무와의 연계성이 미약하다.
④ 비합리적인 인건비에 대한 지출을 초래하게 된다.
⑤ 위계질서의 확립이 가능하다.

✔ 해설 연공급에서는 전문 인력의 확보가 힘들다

25 다음 기사를 읽고 문맥상 괄호 안에 들어갈 말로 가장 적절한 것은?

> 본격적인 임금·단체협약시기를 앞두고 경제계가 통상임금, 정년연장, 근로시간 단축 등 노사 간 쟁점에 대한 교섭방안을 내놨다. 대한상공회의소는 노동시장 제도변화에 따른 기업의 대응방안을 담은 '2014년 임단협 대응방향 가이드'를 19일 발표했다. 대한상의에서 기업의 임단협 안내서 성격인 가이드를 발표한 것은 이번이 처음이다. 대한상의 관계자는 "올해 노동시장은 대법원 통상임금 확대 판결, 2016년 시행되는 정년 60세 의무화, 국회에서 추진 중인 근로시간 단축 등 굵직한 변화를 겪고 있다"며 "어느 때보다 혼란스럽고 중요한 임단협이 될 것이란 판단에 가이드를 발표했다"고 밝혔다. 가이드에는 통상임금, 정년연장, 근로시간 등 3대 노동현안에 대한 기업의 대응방안이 중점적으로 제시됐다. 통상임금의 경우, 각종 수당과 상여금을 통상임금에서 무조건 제외하기보다 노조·근로자와 성실한 대화로 연착륙 방안을 찾아야 한다고 강조했다. 임금구성항목 단순화, 임금체계 개편, 근무체계 개선, 소급분 해소 등이 필요하다고 권고했다.
>
> 2016년 시행되는 정년 60세 의무화와 관련, 준비 없는 정년연장의 부작용을 예방하기 위해 (　　　)을/를 도입을 적극 고려할 것을 주문했다.

① Profit Sharing Plan
② Profit Sliding Scale Plan
③ Salary Peak System
④ Selling Price Sliding Scale Plan
⑤ Sliding Scale Wage Plan

> ✔ 해설　임금피크제도(Salary Peak System)는 조직의 종업원이 일정한 나이가 지나면 생산성에 따라 임금을 지급하는 제도로 현실적으로는 나이가 들어 생산성이 내려가면서 임금을 낮추는 제도인데, 조직의 구성원이 일정한 연령에 이르면 그때의 연봉을 기준으로 임금을 줄여나가는 대신 계속 근무를 할 수 있도록 하는 새로운 정년보장 제도를 의미한다.

26 다음의 내용 중 인사관리의 기능에 해당하지 않는 것을 고르면?

① 직무분석 및 설계
② 모집 및 선발
③ 훈련 및 개발
④ 보상 및 후생복지
⑤ 근태율 분석

> ✔ 해설 인사관리의 주요 기능으로는 직무의 분석 및 설계, 모집 및 선발, 훈련 및 개발, 보상 및 후생복지, 노조와의 관계 등이 있다.

27 다음 중 직원에 대한 인사고과의 과정에서 범하기 쉬운 오류에 대한 설명으로 가장 옳지 않은 것을 고르면?

① 피고과자의 한 가지 면을 보고 다른 것까지 모두 일반화하는 오류를 범한다.
② 피고과자의 실제 능력이나 실적보다 더 높게 평가하는 경향이 있다.
③ 피고과자를 평가함에 있어 중간 정도의 점수를 부여하는 경향을 보인다.
④ 쉽게 기억할 수 있는 최근의 실적이나 능력을 중심으로 평가하기 쉽다.
⑤ 부하와 좋은 인간관계를 갖고 있다면 오히려 능력을 낮게 평가하는 경향이 있다.

> ✔ 해설 ① 현혹효과, ② 관대화 오류, ③ 중심화 경향, ④ 시간적 오류를 각각 설명한 것이며, ⑤는 가혹화 현상을 의미한다.

28 다음은 행위기준 고과법(BARS)의 특징을 설명한 것이다. 이 중 가장 거리가 먼 것은?

① 행위기준고과법은 올바른 행위에 대한 내용들을 구성원 개인에게 제시해 줄 수 있다.
② 행위기준고과법은 다양하면서도 구체적인 직무에의 활용이 불가능하다.
③ 행위기준고과법은 목표에 의한 관리의 일환으로 활용이 가능하다.
④ 행위기준고과법은 척도를 실질적으로 활용하는 평가자가 개발과정에도 실제 적극적으로 참여하므로 평가자가 최종 결과에 대한 책임을 부담하는 경우가 있다.
⑤ 행위기준고과법은 어떤 행동들이 조직의 목표달성에 연관이 되는지를 알 수 있게 해준다.

> **해설** 행위기준 고과법은 직무성과에 초점을 맞추기 때문에 높은 타당성을 유지하며, 피고과자의 구체적인 행동 패턴을 평가 척도로 사용하므로 신뢰성 또한 높고, 고과자 및 피고과자 모두에게 성공적인 행동 패턴을 알려줌으로써, 조직의 성과향상을 위한 교육효과도 있어 수용성 또한 높은 편이므로, 다양하면서도 구체적인 직무에의 활용이 가능하다.

29 이는 기업 조직의 구성원이 어느 일정한 연령에 이르게 되면 당시의 연봉을 기준으로 해서 임금을 줄여 나가는 대신에 반대급부로 지속적인 근무를 할 수 있도록 해 주는 제도를 일컫는 말은?

① 카페테리아 제도
② 임금피크제도
③ 법정 외 복리후생
④ 최저임금제도
⑤ 정답 없음

> **해설** 임금피크제도(Salary Peak System)는 기업 조직의 구성원들이 일정 정도의 연령에 이르게 되면 해당 구성원들의 생산성에 의해 임금을 지급하는 제도를 말한다.

Answer 26.⑤ 27.⑤ 28.② 29.②

30 아래의 내용을 참조하여 밑줄 친 부분에 관련한 내용으로 가장 옳지 않은 것을 고르면?

> 장애인거주시설 종사자들은 직무만족도가 높지 않고 10명 중 4명은 이직을 고민하고 있는 것으로 나타났다. 국가인권위원회는 오는 2일 오후 2시 서울 중구 인권위 인권교육센터 10층 별관에서 장애인거주시설 종사자의 인권상황 실태조사 최종보고회를 열고 이같은 내용을 발표한다고 1일 밝혔다. 인권위에 따르면 장애인시설 종사자들은 임금이 낮고 휴가를 갖기 어려우며 육아휴직을 할 수 없는 등 열악한 환경 속에서 근무하고 있는 것으로 조사됐다. 직무만족도는 5점 만점에 평균 3.4점이었다. 인권위는 "장애인시설 종사자의 인권문제는 사회복지 전달서비스 체계에서 장애인과 직접 연계돼 있어 매우 중요하지만 체계적 연구는 진행되지 않았다"며 "시설 종사자 관점에서 사회복지 현실을 짚고 문제점과 개선방향을 논의할 것"이라고 말했다. 이번 조사는 한신대학교 산학협력단이 주관했고 설문조사와 <u>표적집단면접법(FGI)</u>, 심층 사례조사, 해외사례 연구, 문헌조사 등 종합적으로 진행됐다. 인권위는 최종보고회에서 연구진의 실태조사 결과에 대한 각계 의견을 청취하고 고용노동부, 보건복지부, 서울시 관계자 등을 비롯해 김미옥 전북대 사회복지학과 교수, 황규인 교남소망의집 원장, 김용혁 법무법인 동천 변호사 등이 토론자로 참석할 예정이다. 인권위는 보고회 논의 결과를 바탕으로 장애인시설 종사자 인권상황 개선을 위한 정책방향을 종합적으로 검토할 계획이며 연구보고서 내 '시설 종사자 대응 매뉴얼' 등을 국내 현실에 적용할 수 있는 방안을 찾을 방침이다.

① 소수의 응답자와 집중적인 대화를 통하여 정보를 찾아내는 소비자 면접조사 방식이다.
② 면접자는 경우에는 응답자 전원이 자유스러운 분위기에서 스스로의 의견을 말할 수 있도록 유도해야 한다.
③ 주로 대화에 의해 자료가 수집되기 때문에 면접자의 대인 간 커뮤니케이션 능력 및 청취능력, 더불어서 응답자 발언에 이은 탐사질문 능력 등이 요구되는 기법이다.
④ 이러한 방식의 경우 면접법의 결과로 설문지 작성에 필요한 기본정보를 수집이 가능하고, 신제품에 대한 아이디어, 소비자의 제품구매 및 사용실태에 대한 이해, 제품사용에서의 문제점 등을 파악이 가능하다.
⑤ 소비자를 대상으로 수치화 된 자료를 수집하는 정량적인 조사방법이다.

✔ **해설** 표적집단면접법 (FGI)는 소비자들의 심리상태를 파악하는 정성적인 조사방법을 의미한다.

31 다음 중 인적자원계획의 효과에 대한 설명으로 바르지 않은 것은?

① 효율적 인적자원 계획으로 인해 구성원들의 사기 및 만족도가 증가한다.
② 구성원들에 대한 적절한 교육훈련계획의 수립이 가능해진다.
③ 새로운 사업기회에 대한 확보능력이 상승된다.
④ 적정 수의 인적자원 확보를 통한 노동의 비용이 감소된다.
⑤ 불필요한 노동력의 감소 및 증대에 따른 통제가 어렵다.

> **해설** 인적자원 계획으로 인해 불필요한 노동력의 감소 및 증대에 따른 통제가 용이하다.

32 다음 종업원들 교육훈련에 대한 내용 중 On The Job Training에 대한 내용으로 가장 옳지 않은 것을 고르면?

① On The Job Training은 대부분이 각 부서의 장이 주관하여 업무에 관련된 계획 및 집행의 책임을 지는 부서 내 교육훈련이다.
② On The Job Training은 구성원들의 교육훈련의 내용 및 수준 등에 있어 하나로 통일시키기가 용이하다.
③ On The Job Training은 많은 수의 구성원들 훈련에 있어서는 부적절한 방식이다.
④ On The Job Training은 적은 비용으로도 구성원 훈련이 가능하다.
⑤ On The Job Training의 교육훈련방식은 추상적이 아닌 실제적이다.

> **해설** On The Job Training은 일률적인 교육방식이 아닌 부서의 장이 주관하여 상사 등이 실제 업무를 보면서 습득하는 것으로, 구성원 개인차로 인해 일률적인 교육훈련방식을 적용하기가 쉽지 않다는 문제점이 있다.

Answer 30.⑤ 31.⑤ 32.②

33 다음 중 관료제 조직관에 대한 내용으로 바르지 않은 것은?

① 사적인 요구 및 관심이 조직 활동과는 완전하게 분리된다.
② 선발 및 승진결정에 있어서 기술적인 자질, 능력, 업적 등에 근거한다.
③ 조직 내 경력경로를 제공하여 직장 안정을 확보한다.
④ 개인적인 특성, 기호 등이 개입되지 않도록 동일한 제재 및 강제력을 적용한다.
⑤ 관료제 조직관은 작업상의 유동성을 보장한다.

✔ 해설 관료제 조직관은 각 사람들의 직무를 명백한 과업으로 세분화한다.

34 다음 박스 안의 내용이 설명하는 것으로 바른 것을 고르면?

> 이 제도는 기업 조직의 경우에 종업원에 대한 임금률을 일정한 수준에 고정하면 임금과 관련되는 물가의 변동, 기업의 성쇠가 있을 때엔 이 같은 현실에 부합할 수 없기 때문에 이러한 경우에 대비해서 고안된 제도이다.

① Cost Of Living Sliding Scale Plan
② Profit Sharing Plan
③ Sliding Scale Wage Plan
④ Profit Sliding Scale Plan
⑤ Selling Price Sliding Scale Plan

✔ 해설 순응임률제(Sliding Scale Wage Plan)는 기업 조직의 여러 가지 제 조건이 변동하게 되면, 이에 순응하여 임금률도 자동적으로 변동 내지 조정되는 제도를 의미한다.

35 다음 중 집단자극제에 관련한 내용으로 가장 거리가 먼 것을 고르면?

① 업무의 요령 등을 타인에게 감추지 않는다.
② 업무배치를 함에 있어 구성원들의 불만을 감소시킨다.
③ 집단의 조화가 중요하기 때문에 구성원 서로 간 팀워크 및 협동심 등이 증대된다.
④ 집단의 노력이지만, 개개인의 노력 및 성과로도 직접적으로 반영된다.
⑤ 새로 들어온 신입 직원의 경우 훈련에 상당히 적극적으로 임하게 된다.

✔ 해설 집단자극제는 집단의 노력이므로, 개개인의 노력이나 성과가 직접적으로 반영되지 않는다.
※ 집단자극제

장점	단점
• 업무의 요령 등을 다른 사람들에게 감추지 않는다. • 신입 종업원의 경우, 훈련에 상당히 적극적이다. • 작업배치를 함에 있어 종업원들의 불만을 감소시킨다. • 집단의 조화가 중요하므로, 서로간의 팀워크와 협동심이 높아진다.	• 집단의 노력이므로, 개개인의 노력이나 성과가 직접적으로 반영되지 않는다. • 성과에 대한 기준설정이 명확하게 시간연구에 의한 것이 아닌, 기존의 실적에 의한 것일 경우에, 해당 성과 상승의 원인이 업무방식의 개선에 의한 것인지, 아니면 실제 종업원의 노력에 의한 것인지 판단하기가 어렵다.

36 다음 법정 복리후생제도 중 구성원이 실업자가 된 경우에 생활에 필요한 급여를 제공함으로써 그들의 삶의 안정 및 구직활동을 돕는 매개체 역할을 하는 것은?

① 산업재해보험
② 국민건강보험
③ 국민연금보험
④ 고용보험
⑤ 경조사 지원

✔ 해설 고용보험은 인간의 실업을 예방하고 나아가 고용의 촉진 및 종업원들의 직업능력의 개발 및 향상을 도모하는 역할을 수행한다.

Answer 33.⑤ 34.③ 35.④ 36.④

37 다음 기사를 읽고 문맥 상 괄호 안에 들어갈 말로 가장 적절한 것은?

> 복리후생제도도 활용하기에 따라 직원들의 가정 돌보기 지원에 도움을 줄 수 있다. 엘지화학은 복지제도 선진화를 위해 엘지그룹 계열사 가운데 처음으로 2006년 ( )을/를 도입했다. 이 제도는 회사가 제공하는 다양한 복리후생 메뉴 가운데 일정 금액 한도 안에서 개인이 필요로 하는 항목을 선택할 수 있게 하는 복리후생제도이다. 연간 한도로 임직원들에게 일정 포인트를 제공하고, 여가·휴양, 자기계발, 건강증진, 선물 및 제품 구입 등 카테고리별로 자유롭게 활용할 수 있다. 외부의 다양한 서비스와 솔루션 제공 업체와의 연계를 통해 같은 비용으로 높은 복지혜택을 누릴 수 있는 장점도 있다. 특히 전국에 있는 콘도, 펜션, 호텔에서 자유롭게 사용할 수 있을 뿐만 아니라 사내 온라인 복지매장에 콘도, 펜션 등을 예약할 수 있는 시스템을 갖추고 있다.

① 카페테리아식 복리후생
② 보건위생제도
③ 임금피크제도
④ 고용보험제도
⑤ 국민연금제도

> ✔ 해설 카페테리아식 복리후생은 기업 조직에 소속된 구성원들이 기업이 제공하는 복리후생제도나 시설 중에서 종업원이 원하는 것을 선택함으로서 자신의 복리후생을 스스로 원하는 대로 설계하는 것을 의미한다.

38 다음 박스 안의 내용이 설명하는 것으로 바른 것을 고르면?

> 이 제도는 기업 조직이 생산해 내는 제품 판매가격이 일정액 이하에 해당하는 경우에는 기준률 또는 최저율을 적용하고, 반대로 제품 판매가격이 일정액 이상에 해당하는 경우에는 올라간 상승률만큼 임률을 높이는 것을 의미한다.

① Sliding Scale Wage Plan
② Profit Sliding Scale Plan
③ Profit Sharing Plan
④ Selling Price Sliding Scale Plan
⑤ Cost Of Living Sliding Scale Plan

> ✔ 해설 판매가격 순응임률제는 제품가격과 종업원에 대한 임금률을 연관시켜서 제품에 대한 판매가격이 변동하면 그에 따라 임률도 변동하도록 하는 제도를 의미한다.

39 다음 중 이익분배제에 대한 설명으로 바르지 않은 것은?

① 구성원은 이익배당 참여권 및 분배율을 근속년수와 연관시킴으로써, 종업원들의 장기근속을 유도할 수 없다.
② 구성원은 자신의 이윤에 대한 배당을 높이기 위해 작업에 집중하여 능률증진을 기할 수 있다.
③ 기업과 구성원 간 협동정신을 고취, 강화시켜서 노사 간의 관계개선에 도움을 준다.
④ 회계정보를 적당히 처리함으로써, 기업 조직의 결과를 자의적으로 조정할 수 있으므로 신뢰성이 낮아진다.
⑤ 이익분배는 결산기에 가서 확정되는 관계로 구성원들의 작업능률에 대한 자극이 감소될 수 우려가 있다.

> **해설** 이익분배제는 노사 간의 계약에 의한 기본임금 이 외에 기업 조직의 각 영업기마다 결산이윤의 일부를 종업원들에게 부가적으로 지급하는 제도로써, 종업원은 이익배당 참여권 및 분배율을 근속년수와 연관시킴으로써, 종업원들의 장기근속을 유도할 수 있다.
> ※ 이익분배제의 효과 및 제약사항
>
> | 제약사항 | 효과 |
> |---|---|
> | • 구성원은 자신의 이윤에 대한 배당을 높이기 위해 작업에 집중하여 능률증진을 기할 수 있다.
• 구성원은 이익배당 참여권 및 분배율을 근속년수와 연관시킴으로써, 종업원들의 장기근속을 유도할 수 있다.
• 기업과 종업원간의 협동정신을 고취, 강화시켜서 노사 간의 관계개선에 도움을 준다. | • 이익분배는 결산기에 가서 확정되는 관계로 구성원들의 작업능률에 대한 자극이 감소될 수 있다.
• 회계정보를 적당히 처리함으로써, 기업 조직의 결과를 자의적으로 조정할 수 있으므로 신뢰성이 낮아진다. |

Answer 37.① 38.④ 39.①

40 다음 복리후생에 대한 설명 중 사용자에 대한 이익으로 보기 어려운 것은?

① 고용이 안정되고 생활수준이 나아지는 효과를 가져온다.
② 생산성의 향상 및 원가절감의 효과를 가져온다.
③ 인간적 관계에 대한 부분이 상당히 개선된다.
④ 팀 워크의 정신이 점차적으로 높아진다.
⑤ 기업 조직의 목적 및 방침 등을 보여주는 기회가 많아진다.

✔해설 ①번은 구성원(종업원)에 대한 이익을 설명한 것이다.

41 일반적으로 기업 조직이 종업원과 가족들의 생활수준을 높이기 위해서 마련한 임금 이외의 제반급부를 복리후생이라고 한다. 다음 중 복리후생에 대한 설명으로 바르지 않은 것을 고르면?

① 복리후생은 기대소득의 성격을 띠고 있다.
② 복리후생은 여러 가지 지급된다.
③ 복리후생은 구성원들의 생활수준을 안정시키는 역할을 수행한다.
④ 복리후생은 신분기준에 의해 운영되어진다.
⑤ 복리후생은 개인적인 보상의 성격을 지니고 있다.

✔해설 복리후생은 기업에 있어서의 노사 간의 관계에 있어서의 안정, 공동체의 실현 및 종업원들의 생활안정과 문화향상 등의 필요에 의해 발전하고 있는 형태이며, 또한 집단적인 보상의 성격을 지니고 있다.

42 다음 그림이 보고 관련되는 설명으로 옳지 않은 것을 고르면?

고용보장연령	임금조정시기	지원기간	비고
55세	54세	54세 도달 이후 ~ 55세 도달 이전(1년)	
57세	53세	54세 도달 이후 ~ 57세 도달 이전(3년)	최저지원시점적용(54세)
57세	55세	55세 도달 이후 ~ 57세 도달 이전(2년)	
58세	53세	54세 도달 이후 ~ 58세 도달 이전(4년)	최저지원시점적용
59세	54세	54세 도달 이후 ~ 59세 도달 이전(5년)	
60세	58세	58세 도달 이후 ~ 60세 도달 이전(2년)	
62세	55세	55세 도달 이후 ~ 61세 도달 이전(6년)	최대지원기간적용(6년)
62세	52세	54세 도달 이후 ~ 60세 도달 이전(6년)	최저지원시점 및 최대지원기간 적용
65세	58세	58세 도달 이후 ~ 64세 도달 이전(6년)	

① 위 그림은 기업 조직의 구성원이 일정 나이가 지나면 생산성에 따라 임금을 지급하는 제도이다.
② 위 제도의 경우 보다 더 저렴한 비용으로 훈련된 인적자원을 유지 및 확보할 수 없으며, 경감된 비용으로 신규인력의 채용이 불가능하다.
③ 사용자의 경우 해고를 둘러싼 노사갈등을 피할 수 있다는 이점이 있다.
④ 구성원들의 경우 해고를 당하지 않고 정년 이후에도 계속 일할 수 있다.
⑤ 위 제도는 중·고령자들의 고용보장은 물론이고 사회의 활력증대를 꾀할 수 있는 현실적인 방안이라 할 수 있다

  해설 임금피크제도(Salary Peak System)는 일정한 연령에 이르면 그때의 연봉을 기준으로 임금을 줄여나가는 대신 계속 근무를 할 수 있도록 하게 하는 새로운 정년보장 제도를 의미한다. 또한, 사용자의 입장에서는 보다 더 저렴한 비용으로 훈련된 인적자원을 유지 및 확보할 수 있는 한편, 경감된 비용으로 신규인력을 채용할 수 있다는 이점이 있다.

Answer 40.① 41.⑤ 42.②

43 다음 중 인간관계론에 대한 설명으로 바르지 않은 것은?

① 인간관계론의 경우 공식적 조직보다는 비공식 조직의 역할에만 더욱 관심을 보였다.
② 구성원들의 귀속감과 집단사기를 상당히 중요시하였다.
③ 기업 조직의 내부적 환경 요소를 배제하였다.
④ 인간의 감성만을 중요시한 나머지 조직 능률의 저해를 초래하였다.
⑤ 민주적이면서 참여적인 관리 방식을 추구하는 이론이다.

> **해설** 인간관계론은 기업 조직의 외부적 환경 요소를 배제하였다.
> ※ 인간관계론 호손실험(호손실험의 구체적 내용)
> ㉠ 조명실험 : 조명의 변화가 공장 내 종업원들의 생산성에 미치는 영향을 알아보기 위해서 실시하였지만, 이 경우에는 특별하게 작업능률에 있어 큰 영향을 미치지 못했다.
> ㉡ 계전기 조립실험 : 종업원들에 대한 휴식시간이나 임금인상 등이 그들의 작업조건에 있어 생산성에 미치는 효과를 알아보는 실험이었다.
> ㉢ 면접실험 : 상급자의 감독방법이나 작업 환경 등에 따른 종업원들의 불만을 조사하였다.
> ㉣ 배선관찰실험 : 종업원들에 대한 면접 및 관찰을 통한 작업장에서의 여러 가지 사회적 요소를 분석한 것이다.

실험 명칭	실험 주체	실험 시간	실험 내용
조명실험	호손공장	1924-27	조명도가 생산성에 미치는 정(+)의 영향
계전기 조립실험	메이요 팀	1927-29	조면도 이외의 작업요인(작업시간, 임금, 휴식시간, 작업환경 등)과 작업조건(사기, 감독방법, 인간관계 등)이 생산성에 미치는 영향
면접 실험	"	1928-30	작업자의 심리적 요인이 작업자의 태도와 생산성에 미치는 영향
배전기 권성실험	"	1931-32	작업장의 사회적 요인으로 작용하는 비공식적조직과 비공식 규범 분석

44 다음 카페테리아 복리후생제도에 관한 설명 중 바르지 않은 것은?

① 선택적 지출계좌형은 종업원의 주어진 복리예산의 범위안에서 복리후생항목을 선택하게 하는 제도이다.
② 선택항목추가형은 필수적인 복리후생항목이 일괄지급되고 나머지 항목은 종업원이 선택하도록 하는 제도이다.
③ 모듈형은 여러 개의 복리후생 항목을 집단화시켜 프로그램화하여 종업원에게 제시하는 형태로서 그 중에서 하나를 선택하는 것이다.
④ 다양한 복리후생항목을 제공하고 종업원이 스스로 원하는 것을 선택하게 하는 것을 의미한다.
⑤ 모듈형의 단점은 관련 항목에 대한 예산의 합리적인 배분이 불가능하다.

> **해설** ⑤ 모듈형의 장점은 관련 항목에 대한 예산의 합리적인 배분이 가능하고, 단점은 집단화로 인하여 선택의 폭이 제한된다.

45 다음 노동조합의 조직형태 중 조합원 자격에 의한 노동조합의 분류로만 바르게 모두 묶은 것은?

㉠ 연합체 조합	㉡ 단일 조합
㉢ 직업별 노동조합	㉣ 기업별 노동조합
㉤ 산업별 노동조합	㉥ 일반 노동조합

① ㉠, ㉡, ㉢
② ㉠, ㉣, ㉤
③ ㉡, ㉢, ㉣
④ ㉡, ㉢, ㉤
⑤ ㉢, ㉣, ㉤, ㉥

> **해설** ㉠ 및 ㉡은 결합방식에 의한 노동조합에 속한다.

Answer 43.③ 44.⑤ 45.⑤

46 다음 지문의 내용이 설명하는 것은 어떤 노동조합에 대한 것인가?

> 이 노동조합은 노동자들의 고용에 있어 자신들의 독점적인 지위확보 및 노동력의 공급제한을 기본 방침으로 삼고 있기 때문에 미숙련 노동자들에 대한 가입에 있어서는 제한을 한다. 어떠한 직장단위의 조직은 아니기 때문에 설령 실직을 했다 하더라도 조합의 가입은 가능하며, 현 조합원들의 실업도 예방할 수 있다는 장점이 있는 반면에 타 직업에 대해서는 노동자들이 지나치게 배타적이면서도 독점적인 성격을 가지므로, 전체 노동자들에 대한 분열을 초래할 우려가 있다.

① Craft Union
② Company Labor Union
③ General Labor Union
④ Industrial Union
⑤ Companydominated Union

✔해설 직업별 노동조합(Craft Union)은 기계적인 생산방법이 도입되지 못하던 수공업 단계에서 산업이나 또는 기계에 관련 없이 서로 동일한 직능에 종사하는 숙련노동자들이 자신들이 소속되어 있는 회사를 초월하여 노동자 자신들의 직업적인 안정과 더불어 경제적인 부분에서의 이익을 확보하기 위해 만든 배타적인 노동조합을 의미한다.

47 다음 괄호 안에 문맥상 들어갈 말로 가장 적절한 것은?

> 사업장에 종사하는 노동조합 노동자의 3분의 2이상을 대표하는 노동조합의 경우에는 단체 협약을 통해 제한적이나마 유니언 숍이 인정되지만, 그렇다고 해서 조합이 설령 노동자를 해고했다 하더라도 기업에서 노동자가 해고되는 조항은 실시되고 있지 않은 상황이다. 만약에, 다수의 조합원이 탈퇴하여 유니언 숍 조합이 통일적 기반을 잃게 되면(조합원이 근로자 (　　)에 미달된 때)에는 이들의 탈퇴 조합원에게 해고조치 등의 유니언 숍 제도의 효력은 미치지 않는다.

① $\frac{1}{2}$
② $\frac{1}{3}$
③ $\frac{2}{3}$
④ $\frac{3}{4}$
⑤ $\frac{1}{5}$

✔해설 만약에, 다수의 조합원이 탈퇴하여 유니언 숍 조합이 통일적 기반을 잃게 되면(조합원이 근로자 $\frac{2}{3}$에 미달된 때)에는 이들의 탈퇴 조합원에게 해고조치 등의 유니언 숍 제도의 효력은 미치지 않는다.

48 노동조합이 사용주와 체결하는 노동협약에 있어 종업원의 자격 및 조합원 자격의 관계를 규정한 조항을 삽입하여 노동조합의 유지 및 발전을 도모하려는 제도를 숍 시스템이라고 하는데 아래의 내용은 어떠한 숍 제도를 의미하는가?

> 노동조합에 대한 가입 및 탈퇴에 대한 부분은 종업원들의 각자 자유에 맡기고, 사용자는 비조합원들도 자유롭게 채용할 수 있기 때문에, 조합원들의 사용자에 대한 교섭권은 약화되어진다.

① Union Shop
② Closed Shop
③ Preferential Shop
④ Maintenance Of – Membership Shop
⑤ Open Shop

✔해설 오픈 숍(Open Shop)은 사용자가 노동조합에 가입한 조합원 말고도 비조합원도 자유롭게 채용할 수 있도록 하는 제도를 의미한다.

Answer   46.① 47.③ 48.⑤

49 다음 중 메이요의 호손실험에 관련한 내용을 잘못 설명한 것을 고르면?

① 호손실험은 메이요 교수가 중심이 되어 8년 간 4단계에 걸쳐서 이루어진 실험이다.
② 경제적 인간관의 가정과 밀접한 관련이 있다.
③ 조직 내에서 비공식적 조직이 공식적 조직에 비해 구성원들의 생산성 향상에 큰 역할을 기여하고 있다고 보고 있다.
④ 민주성의 확립에 기여하는 계기가 되었다.
⑤ 구성원들의 태도, 감성 등의 심리적 요인이 중요하다고 보고 있다.

> **해설** 메이요의 호손실험으로 인해 인간의 가치, 감성 등이 중요시 되었으며 더 나아가 사회적 인간관의 가설과 형성에 있어 많은 영향을 끼치게 되었다. 경제적 인간관은 인간을 기계처럼 취급하는 과학적 관리론과 일맥상통하는 내용이다.
>
> ※ 과학적 관리론 및 인간관계론의 비교

차이점		공동점
과학적 관리론	인간관계론	• 외부환경의 무시(보수성/정태적 환경관)
직무중심	인간중심	• 생산/능률 향상이 궁극적 목적 : 관리기능적 접근(정치행정이원론, 공사행정일원론)
공식적 구조관	비공식적 구조관	• 관리층을 위한 연구 : 작업계층만을 연구대상으로 하고 관리자는 제외
능률성과 민주적목표와의 조화가 이루어지지 못함	능률성과 민주적 목표가 조화됨	• 조직목표와 개인목표간 교환관계 인정(조화가능성은 인정) : 다만, 과학적관리론은 대립요인만 제거되면 쉽게 일치되나(X이론), 인간관계론은 쉽게 일치되지 않으므로 의도적인 노력이 필요(조직목표와 개인목표의 양립을 위한 Y이론 필요)
인간을 기계의 부품화 ※ 정태적 인간관	인간을 감정적 존재로 인식 ※ 동태적 인간관(역학관계)	
합리적/경제적 인간(X이론)	사회적 인간(Y이론)	
기계적 능률성	사회적 능률성	• 인간행동의 피동성 및 동기부여의 외재성 중시 : 인간은 목표달성의 수단이며 관리자에 의한 동기부여 강조. 스스로 동기부여를 해나가는 자아실현인(독립인)이 아님
경제적 동기(물질적 자극)	비경제적/인간적 동기	
시간, 동작연구 등	호손 실험	
1930년대 이전부터 강조	1930년대 이후 강조	
능률증진에 기여	민주성의 확립에 기여	
과학적 원리 강조	보편적 원리에 치중치 않음	• 욕구의 단일성 중시

50 다음 지문의 내용이 설명하는 것은 어떤 노동조합에 대한 것인가?

> 이러한 형태의 노동조합은 조합원의 수에 있어서 커다란 조직임과 동시에 그들만의 단결력을 강화시켜 압력단체로서의 지위를 확보할 수 있다는 이점이 있는 반면에 산업별 조직 안에서 직종간의 이해대립이나 의견충돌을 초래할 위험이 있고, 이로 인해 조직 자체가 형식적인 단결에서 머물면 그 힘을 발휘할 수가 없다는 문제점이 있다.

① Industrial Union
② Companydominated Union
③ Company Labor Union
④ General Labor Union
⑤ Craft Union

> 해설 산업별 노동조합(Industrial Union)은 직종이나 계층 또는 기업에 상관없이 동일한 산업에 종사하는 모든 노동자가 하나의 노동조합을 결성하는 새로운 형태의 산업별 노동조합을 의미한다.

51 노동자가 노조의 가입을 거부, 또는 노동조합이 제명을 하게 되면 해당 종업원은 기업으로부터 해고를 당하게 되는 숍 제도를 무엇이라고 하는가?

① Agency Shop
② Union Shop
③ Preferential Shop
④ Open Shop
⑤ Closed Shop

> 해설 유니언 숍(Union Shop)은 사용자의 노동자에 대한 채용은 자유롭지만, 일단 채용이 되고 나서부터는 종업원들은 일정 기간이 지난 후에는 반드시 노동조합에 가입해야만 하는 제도를 의미한다.

Answer 49.② 50.① 51.②

52 다음 중 성격이 다른 하나는?

① 불매동맹
② 준법투쟁
③ 직장폐쇄
④ 피케팅
⑤ 파업

> ✔해설 ①②④⑤는 노동자 측면에서의 쟁의행위에 속하며, ③은 사용자 측면의 쟁의행위에 속한다.

53 다음 내용 중 괄호 안에 들어갈 말을 순서대로 바르게 나열한 것은?

> A감사는 인적자원정책의 (㉠)을 대상으로 하여 실시되는 감사를 의미하고, B 감사는 인적자원정책의 (㉡)을 대상으로 실시되는 예산감사를 의미하며, C 감사는 (㉢)을 대상으로 하는 감사를 말한다.

① ㉠ 경영면, ㉡ 인적자원관리의 효과, ㉢ 경제면
② ㉠ 경영면, ㉡ 경제면, ㉢ 인적자원관리의 효과
③ ㉠ 경제면, ㉡ 경영면, ㉢ 인적자원관리의 효과
④ ㉠ 경제면, ㉡ 인적자원관리의 효과, ㉢ 경영면
⑤ ㉠ 인적자원관리의 효과, ㉡ 경영면, ㉢ 경제면

> ✔해설 A감사는 경영에 있어 전반적인 관점을 가지고, 전체적인 인적자원에 관련된 정책에 대한 사실들을 조사하고, 조직 내 인적자원관리의 방침 및 시행과의 연관성, 시행정책의 기능 및 운용실태 등에 대해서 정기적으로 평가를 진행한다. B감사는 인사정책에 대해 소요되는 경비를 알아내고, 그로 인한 예산의 적정성 등을 분석 및 평가하고 적절한 예산할당의 적합성 등에 주안점을 두게 된다. C감사는 인적자원과 관련한 제반 정책들의 실제효과를 대상으로 해서 조사하여 해당 연도에 있어서의 조직균형 상태와 더불어 인적자원정책에 대해서 재해석하고, 이를 종합하여 새로운 정책을 수립하는데 있어 유용한 자료를 제공한다.

54 다음 중 직무의 수행에 있어 필요로 하는 종업원의 능력이나 행동, 지식 등을 일정한 문서에 기록한 양식을 지칭하는 것은?

① 직무기술서
② 직무분석
③ 직무순환
④ 직무명세서
⑤ 직무평가

> **해설** 직무명세서(Job Specification)는 직무의 분석 결과를 기초로 특정 목적의 관리흐름을 구체화하는 데 있어 용이하도록 정리한 문서를 말하며, 특히 인적요건에 초점을 두고 있다는 특징이 있다.

55 다음 중 노사관계의 역사적 발달과정을 순서대로 바르게 나열한 것을 고르면?

① 온정적 노사관계 → 근대적 노사관계 → 전제적 노사관계 → 민주적 노사관계
② 전제적 노사관계 → 온정적 노사관계 → 근대적 노사관계 → 민주적 노사관계
③ 전제적 노사관계 → 근대적 노사관계 → 온정적 노사관계 → 민주적 노사관계
④ 전제적 노사관계 → 근대적 노사관계 → 민주적 노사관계 → 온정적 노사관계
⑤ 온정적 노사관계 → 전제적 노사관계 → 근대적 노사관계 → 민주적 노사관계

> **해설** 노사관계의 역사적 발달과정은 "전제적 노사관계 → 온정적 노사관계 → 근대적 노사관계 → 민주적 노사관계"의 순으로 발전되어 오고 있다.

56 태도의 변화과정은 (㉠) → (㉡) → (㉢)의 과정을 거치게 된다. 다음 중 괄호 안에 들어갈 말을 각각 바르게 연결한 것을 고르면?

① ㉠ 해빙, ㉡ 재동결, ㉢ 변화
② ㉠ 변화, ㉡ 해빙, ㉢ 재동결
③ ㉠ 변화, ㉡ 재동결, ㉢ 해빙
④ ㉠ 해빙, ㉡ 변화, ㉢ 재동결
⑤ ㉠ 재동결, ㉡ 변화, ㉢ 해빙

> **해설** 태도의 변화과정은 해빙 → 변화 → 재동결의 순서를 거치게 된다.

Answer 52.③ 53.② 54.④ 55.② 56.④

57 다음 중 전통적 인사관리에 대한 설명으로 가장 옳지 않은 것은?

① 오로지 기업 조직의 목표만을 강조하고 있다.
② 현재의 인력을 활용하는 정도의 단기적 안목을 지니고 있는 인사관리 방식이다.
③ CDP와 같은 경력중심의 인사관리에 중점을 두고 있다.
④ 타율적이면서 소극적인 X이론적 인간관을 바탕으로 하고 있다.
⑤ 노동조합에 대해 억제하는 경향을 지니고 있다.

> ✔해설 전통적 인사관리에서는 직무중심의 인사관리에 중점을 두고 있다.
>
> | 구분 | 전통적 인사관리 | 현대적 인사관리 |
> |---|---|---|
> | 중점 | 직무중심의 인사관리 | 경력중심의 인사관리(예 : CDP제도) |
> | 강조점 | 조직목표만을 강조 | 조직목표와 개인목표의 조화(예 : MBO) |
> | 인간관 | 소극적, 타율적 X론적 인간관 | 주체적, 자율적의 Y론적 인간관 |
> | 안목 | 주어진 인력을 활용하는 단기적인 안목 | 인력을 육성, 개발하는 장기적 안목 |
> | 노동조합 | 노동조합의 억제(부쟁) | 노사간 상호협동에 의한 목적달성 |

58 다음 외부모집의 효과에 관한 설명 중 바르지 않은 것은?

① 권력에 의한 부적격자 채용 가능성이 줄어든다.
② 조직에 활력을 줄 수 있다.
③ 신규 직원의 적응 기간이 장기화될 우려가 있다.
④ 모집범위가 넓어서 유능한 인재영입이 가능하다.
⑤ 내부 인력의 사기가 저하될 수 있다.

> ✔해설 ① 외부모집은 권력에 의해 부적격자 채용 가능성이 있으며, 기관 내부에 파벌이나 불화조성의 우려, 안정되기까지의 비용과 시간 소모, 내부 인력의 사기 저하, 채용에 따른 비용 부담, 신규직원 적응 기간의 장기화 우려 등의 단점을 가지고 있다.

59 다음 중 직무분석의 방법에 해당하지 않는 것은?

① 면접법
② 서열법
③ 관찰법
④ 설문지법
⑤ 중요사건법

> **해설** 직무분석의 방법으로는 면접법, 관찰법, 설문지법, 중요사건법, 워크샘플링법 등이 있다.

60 직무수행에 필요한 구성원들의 행동이나 기능, 능력, 지식 등을 일정한 양식에 기록한 문서를 무엇이라고 하는가?

① Ranking Method
② Factor Comparison Method
③ Job Classification Method
④ Job Specification
⑤ Job Description

> **해설** 직무명세서(Job Specification)는 직무분석의 결과를 토대로 특정한 목적의 관리절차를 구체화하는 데 있어 편리하도록 정리하는 것을 말하며, 각각의 직무수행에 필요한 구성원들의 행동이나 기능, 능력, 지식 등을 일정한 양식에 기록한 문서를 의미한다.

Answer 57.③ 58.① 59.② 60.④

CHAPTER 06 재무관리

1 다음 재무비율에 관한 설명 중 바르지 않은 것은?

① 유동비율, 당좌비율, 부채비율, 차입금의존도, 이자보상비율은 재무비율 중 안정성비율에 해당된다.
② 매출총이익률, 매출액순이익률, 총자산순이익률, 자기자본순이익률은 재무비율 중 수익성비율에 해당된다.
③ 총자산회전율, 매출채권회전율, 재고자산회전율은 재무비율 중 활동성비율에 해당된다.
④ 매출채권회전율은 매출액을 평균 매출채권으로 나눈 값이다.
⑤ 배당률은 주당시가를 주당배당액으로 나눈 값이다.

> **해설** 배당률은 주당배당액을 주당시가로 나눈 값이다. 부채비율은 자기자본을 부채로 나눈 값이다. 자기자본이익률은 당기순이익을 자기자본으로 나눈 값이다.

2 다음 M&A 방어 전략에 관련하여 설명한 전략은?

> M&A를 시도하지만 단독으로 필요한 주식을 취득하는데, 현실적으로 무리가 있는 개인이나 기업에게 우호적으로 도움을 주는 제3자로서의 개인이나 기업을 의미한다.

① 흑기사(Black Knight)
② 백기사(White Knight)
③ 그린 메일(Green Mail)
④ 황금주(Golden Share)
⑤ 포이즌 필(Poison Pill)

> **해설**
> • 백기사(White Knight) : 매수대상기업의 경영자에게 우호적인 기업 인수자를 의미한다.
> • 그린 메일(Green Mail) : 경영권을 담보로 보유주식을 시가보다 비싸게 되파는 행위를 의미한다.
> • 황금주(Golden Share) : 보유한 주식의 수량이나 비율에 관계없이 기업의 주요한 경영 사안에 대하여 거부권을 행사할 수 있는 권리를 가진 주식을 의미한다.
> • 포이즌 필(Poison Pill) : 기업의 경영권 방어수단의 하나로, 적대적 M&A나 경영권 침해 시도가 발생하는 경우에 기존 주주들에게 시가보다 훨씬 싼 가격에 지분을 매입할 수 있도록 미리 권리를 부여하는 제도이다.

3 다음은 현금흐름의 추정원칙에 대해 설명한 것이다. 가장 옳지 않은 것을 고르면?

① 비현금비용의 제외
② 법인세 납부 전 현금흐름
③ 인플레이션의 일관적 처리
④ 증분현금흐름의 기준
⑤ 이자비용 및 배당지급액 등의 재무비용의 제외

> ✔ **해설** 현금흐름 추정 원칙으로는 비현금비용 제외, 법인세 납부 후 현금흐름, 인플레이션의 일관적 처리, 증분 현금흐름의 기준, 잔존가치 및 고정자산의 처분에 따른 법인세 효과의 고려, 이자비용 및 배당지급액과 같은 재무비용의 제외 등이 있다.

4 다음 NPV(순현재가치)법과 IRR(내부수익률)법에 관한 설명 중 바르지 않은 것은?

① NPV(순현재가치)법과 IRR(내부수익률)법에 의한 평가결과에 차이가 발생하는 이유는 투자기간 내 현금흐름에 대한 묵시적인 재투자수익률의 가정이 서로 다르기 때문이다.
② 두 방법 모두 화폐의 시간가치를 반영한다.
③ 상호독립적인 투자안인 경우에는 두 의사결정이 일치한다.
④ NPV(순현재가치)법을 적용할 때는 자본비용이 필요없지만, IRR(내부수익률)법을 평가할 때에는 자본비용이 필요하다.
⑤ NPV(순현재가치)법은 투자의 한계수익률을 고려한 분석기법이고, IRR(내부수익률)법은 투자의 평균 수익을 고려한 분석기법이다.

> ✔ **해설** NPV(순현재가치)법을 평가할 때는 자본비용이 필요하지만, IRR(내부수익률)법을 적용할 때에는 자본비용이 필요없다.
> • NPV(순현재가치) : 투자안으로부터 발생하는 현금유입의 현재가치에서 현금유출의 현재가치를 뺀 것을 의미한다. 순현재가치가 0보다 크면 투자안을 채택하고, 0보다 작으면 투자안을 기각한다.
> • IRR(내부수익률) : 어떤 사업에 대해 사업기간 동안의 현금수익 흐름을 현재가치로 환산하여 합한 값이 투자지출과 같아지도록 할인하는 이자율을 의미한다.

Answer 1.⑤ 2.① 3.② 4.④

5 다음의 기사를 읽고 괄호 안에 공통적으로 들어갈 내용에 대한 설명으로 가장 바르지 않은 것을 고르면?

> "냉정하게 말하면, 고객을 모두 줄 세울 수 있다."
>
> 한정적인 자원으로 최대의 효율을 추구해야 하는 기업들이 모든 고객을 대상으로 마케팅 활동을 할 수는 없다. 표적 시장 또는 고객을 선정하는 타깃팅이 기업의 중요한 마케팅 전략 중 하나로 꼽히는 이유다. 한 기업이 제공하는 재화나 상품을 꾸준하게 구매하거나 이용하는 소비자, 즉 충성 고객의 마음을 얼마나 적은 비용으로 사로잡느냐가 관건이 된다.
>
> 빅 데이터를 활용하면 목표 고객을 찾고 그들의 (   )를 분석해낼 수 있다. (   )란 한 고객이 기업의 고객으로 있는 동안 기대되는 재무적 공헌도의 총합을 이르는 말이다.
>
> (   )가 높다는 건 해당 기업과 오래 관계 맺으면서 많은 돈을 쓴다는 뜻이다. 즉, 이 수치가 높은 대상은 그 기업과 맞는 고객이라고 볼 수 있는 셈이다.
>
> 전통적 방식으로 '설정'하는 개념이던 목표 전략도 빅 데이터 시대를 맞아 '예측'하는 쪽으로 변하고 있다는 것이다. 소비자들은 상품을 선택하고 구매한다. 얼핏 보면 간단한 행동이다. 하지만 소비자가 물건을 구매할 때까지는 온라인에서 검색을 하고, 사람을 만나거나 친구들과 대화를 한다.
>
> 매장에 들어선 이후에도 이곳저곳을 들르고, 다른 상품들과 비교도 한다. 겉으로 보기에는 단순한 행동에 불과하다. 그럼에도 구매에 이르기까지의 과정에서는 의식과 무의식의 끊임없는 작용이 일어난다. 빅 데이터는 대량의 데이터를 분석해 특정한 고객들의 성향과 배경을 파악할 수 있게 해준다. 이는 누가 앞으로 어떤 제품을 선택할지 여부를 판단할 수 있는 준거로 활용될 수 있다.
>
> 과거에는 기업이 정보를 손에 쥐고 소비자들의 취향을 스스로 정의하는 마케팅 전략을 썼다. 하지만 빅 데이터로 정보의 비대칭성이 완화되면서 소비자들도 기업이 시장과 고객을 바라보는 시각에 영향력을 행사할 수 있게 됐다. 결국 빅 데이터는 마케팅을 기존의 틀에 박힌 방식이 아닌 세분화된 다수의 시장에 개별적으로 접근하는 방식으로 변화시킨다.

① 실현가치와 잠재가치로 구분된다.
② 한 고객이 한 기업의 고객으로 존재하는 전체 기간 동안 기업에게 제공할 것으로 추정되는 이익의 합계이다.
③ 기존 고객과 잠재고객의 생애가치를 극소화시킴으로써 기업은 자신의 단기적인 이익극대화의 달성이 가능하다.
④ 잠재가치는 실현되지 않은 미래의 잠재적 수익에 대한 순 현재가치를 의미한다.
⑤ 실현가치는 이미 실현된 이익의 순 현재가치를 말한다.

> ✔ 해설 "(   )란 한 고객이 기업의 고객으로 있는 동안 기대되는 재무적 공헌도의 총합", "(   )가 높다는 건 해당 기업과 오래 관계 맺으면서 많은 돈을 쓴다"로 미루어 보아 괄호 안에 공통적으로 들어갈 말은 고객생애가치라는 것을 유추할 수 있다. 이러한 고객생애가치는 기존 고객과 잠재고객의 생애가치를 극대화함으로써 기업은 자신의 장기적인 이익극대화 달성이 가능하다.

6 다음 중 금리 및 환율의 상호관계를 말해주는 개념으로 자본자유화와 관련해 매우 중요한 정책적 시사점을 주고 있는데, 환율의 예상되는 변화율은 자국과 외국의 금리 차와 같아야 한다는 것을 무엇이라고 하는가?

① 국제자본예산
② 이자율평가이론
③ 국제피셔효과
④ 구매력평가이론
⑤ MM의 배당이론

> ✔ 해설 국제피셔효과는 금리효과와 환율효과가 서로 상쇄되지 않으면 시장 불균형이 일어나 자본이 이동할 것이라고 말해주고 있는데, 자본자유화와 관련해 단기유동성 국제적 투기자금, 즉 핫머니의 유출입에 의한 자본시장 교란의 근본적인 원인을 말해주고 있다.

7 통상적으로 분산투자를 통하여 제거할 수 없는 위험을 체계적 위험이라 하는데 이에 해당하는 것으로 보기 어려운 것은?

① 재투자위험
② 구매력위험
③ 국가위험
④ 이자율위험
⑤ 시장위험

> ✔ 해설 ③번은 비체계적 위험에 속한다.

Answer 5.③ 6.③ 7.③

8 다음 재무관리계획에 대한 내용 중 그 의미가 다른 하나는?

① 설비자본계획 ② 운전자본계획
③ 현금수지계획 ④ 수입계획
⑤ 고정자본계획

✔해설 ①②③⑤번은 자본구조계획에 속하며, ④번은 이익계획에 속한다.

9 다음 재무관리의 기능 중에서 주기능만으로 바르게 묶인 것은?

㉠ 운전자본관리	㉡ 자본예산결정
㉢ 배당의 결정	㉣ 투자의 결정
㉤ 자본조달결정	

① ㉠, ㉡, ㉢ ② ㉡, ㉢, ㉣
③ ㉡, ㉣, ㉤ ④ ㉢, ㉤
⑤ ㉣, ㉤

✔해설 재무관리의 기능 중에서 주기능으로는 투자결정 및 자본조달결정이 있으며, 부기능으로는 배당결정, 자본예산결정, 운전자본관리 등이 있다.

10 다음의 설명들 중 바르지 않은 것을 고르면?

① 효율적 포트폴리오를 선호하는 위험회피적 투자자들은 비효율적인 포트폴리오에는 투자하지 않는다.
② 단일요인 모형에서는 공통위험요인이 존재하기 때문에 주식수익률 사이의 상관관계가 발생하게 된다.
③ 시장포트폴리오는 시장베타가 1인 점을 M으로 표기할 수 있다.
④ 회귀분석은 서로 영향을 주고 받으면서 변화하게 되는 인과관계를 지니는 두 변수 사이의 관계를 분석하게 된다.
⑤ 무위험자사 시장이 균형 상태에 있을 시에 무위험자산 시장 전체에서의 순대여액은 1이 된다.

✔해설 무위험자사 시장이 균형 상태에 있을 시에 무위험자산 시장 전체에서의 순대여액은 0이 된다.

11 어떠한 채권의 약정수익률이 20%이고, 기대수익률이 11%라고 한다. 이 때 무위험이자율이 9%일 때, 이 채권의 위험프리미엄 (㉠), 채무불이행에 의한 위험프리미엄 (㉡) 및 수익률 스프레드 (㉢)는 각각 얼마인지 순서대로 구하면?

① ㉠ 1%, ㉡ 5%, ㉢ 7%
② ㉠ 2%, ㉡ 4%, ㉢ 6%
③ ㉠ 2%, ㉡ 9%, ㉢ 11%
④ ㉠ 3%, ㉡ 9%, ㉢ 13%
⑤ ㉠ 5%, ㉡ 10%, ㉢ 15%

> ✔해설 문제에서 말하는 내용을 계산하면 다음과 같다.
> • 위험 프리미엄 : 11% − 9% = 2%
> • 채무불이행 위험프리미엄 : 20% − 11% = 9%
> • 수익률 스프레드 : 2% + 9% = 11%

12 다음의 자료를 참조하여 내년 3월 1일 만기에 쌀의 가격이 49,000원이 되었다면 생산자의 이 선물거래에 따른 만기시점에서의 손익은 얼마인지 구하면?

> 현재 시장에서 거래되어지고 있는 쌀의 가격은 1가마 당 40,000원이고, 이 쌀의 생산자는 내년 3월 1일에 쌀 100가마를 가마 당 42,000원에 거래하기로 하는 선물거래를 활용할 수 있다.

① 7,000만 원
② 3,500만 원
③ 1,300만 원
④ 600만 원
⑤ −3,000만 원

> ✔해설 생산자의 이익 $= S_T - F_O$에 의해서 49,000 − 42,000 = 7,000원이 된다.

Answer 8.④ 9.⑤ 10.⑤ 11.③ 12.①

13 다음의 기사를 참조하여 '주식'에 관한 아래의 설명들 중 가장 옳지 않은 것을 고르면?

> 정용진 신세계(171,000원 3500 2.1%) 부회장이 보유한 4000억 원 상당의 삼성전자 주식을 어느 시점에 팔지 관심이 쏠리고 있다. 정 부회장은 지난해 말 삼성전자 주식을 매각할 것이라는 입장을 내놨지만 이후 아직까지 구체적인 시점이나 매도량을 밝히진 않고 있다. 정 부회장의 삼성전자 지분은 29만 3500주(0.2%)로 개인주주로는 외삼촌인 이건희 삼성전자 회장(3.38%), 외숙모인 홍라희 삼성미술관 리움 관장(0.74%), 동갑내기 외사촌인 이재용 삼성전자 부회장(0.57%)에 이어 네 번째여서 시장의 높은 관심을 받고 있다. 이날 삼성전자 주식 종가(136만7000원)를 적용하면 정 부회장의 삼성전자 보유주식의 가치는 4000억 원을 웃돈다. 정 부회장은 24일 서울상의 정기임원총회 후 기자와 만나 삼성전자 주식의 구체적인 매각 시점을 묻자 "아직은 계획이 없다"고 답했다. 이어 차후 추가 매입 의사가 있는지에 대해서도 "생각해본 적 없다"고 덧붙였다.
>
> 앞서 정 부회장은 두 달 전인 지난해 12월11일 부산 벡스코에서 열린 '한·아세안 CEO 서밋'에서 기자들과 만나 "(삼성전자 지분을)팔 것"이라고 짧게 언급한 바 있다. 당시에도 구체적인 매각 시점에 대해서는 입을 열지 않았다. 다만 다소 시간이 걸릴지 모르더라도 언젠가는 팔겠다는 정도의 큰 그림만 드러낸 것이다. 정 부회장의 삼성전자 주식 보유 사실이 대외에 알려진 것은 2011년 6월이었다. 이후 삼성전자가 같은 해 9월 2011년 반기 정정보고서를 내면서 이 사실이 재확인됐다. 최대주주 측 특수 관계인이 아닌 5% 미만 주주의 지분 내역을 공개하는 것은 의무사항이 아니어서 이례적으로 받아들여졌다. 삼성전자 측은 "최근 특정주주의 보유 주식에 대한 높은 관심으로 투자자의 이해제고 차원에서 참고사항으로 기재한다"고 밝혀왔다. 시장에선 정 부회장이 삼성전자 주식을 처음 사들인 시점이 2004년쯤으로 알려졌다. 당시 정 부회장은 40만~50만 원 대에 삼성전자 주식 30만주 가량을 매수했고 2006년에도 3만8000주 정도를 추가로 사들였지만 이후 일부 매도해 2009년 말에는 총 32만 2000주를 보유했던 것으로 전해졌다. 정 부회장은 2010년 2만 9000여주를 추가 처분해 이후 보유주식 수가 29만 3500여주가 됐다. 재계에서는 정 부회장의 삼성전자 주식 보유 배경에 대해 여러 설이 나돌았지만 신세계 측은 당시 "정 부회장 개인 차원의 단순투자일 뿐 회사와 관계가 없다"고 밝힌 바 있다.

① 주식 소유자의 지위는 주주이다.
② 주식은 자본의 성격 면에서 보면 타인자본이다.
③ 주식 소유자의 권리는 의결권 및 경영참가권을 소유, 배당금, 잔여재산분배권 등이다.
④ 주식은 증권의 존속기간에서 보면 만기가 없는 영구증권이다.
⑤ 주식은 상대적으로 큰 위험을 지니고 있다.

✔**해설** ②번은 채권을 설명한 것이다. 주식은 자본의 성격 면에서 보면 자기자본이다.

14 다음 중 우단 자산의 기대수익률 15%, 원모 자산의 기대수익률은 11%일 때 우단 자산과 원모 자산에 각각 투자자금의 60%씩을 투자할 시에 포트폴리오의 기대수익률은 얼마인지 계산하면?

① 0.1
② 0.156
③ 0.237
④ 0.31
⑤ 0.59

> **해설** $0.6 \times 0.15 + 0.6 \times 0.11 = 0.09 + 0.066 = 0.156$

15 다음 중 MM의 자본구조이론에 대한 설명으로 가장 옳지 않은 것은?

① 모딜리아니와 밀러가 자본구조 무관계론을 발표하면서 시작된 이론이다.
② 기업 조직의 가치는 해당 기업이 하고 있는 사업의 수익성 및 위험도에 의해 결정될 뿐 투자에 있어 필요한 자금을 어떠한 방식으로 조달하였는지 무관하다.
③ MM의 수정이론에서는 자기자본에 대한 배당은 비용처리가 되지 않기 때문에 부채를 많이 사용할수록 기업의 가치가 감소하는 것을 의미한다.
④ MM의 명제 중 기업 가치는 자본구조와는 무관하다.
⑤ MM의 명제 중 투자안 평가는 자본조달과는 관련이 없으며, 가중평균자본비용에 의한다.

> **해설** MM의 수정이론에서는 자기자본에 대한 배당은 비용처리가 되지 않기 때문에 부채를 많이 사용할수록 기업의 가치가 증가한다는 것을 의미한다.

16 다음 중 현금흐름에 대한 추정 시 지켜야할 고려사항으로 보기 어려운 것은?

① 매몰원가, 기회비용 등에 대한 명확한 조정이 필요하다.
② 세금효과는 고려하지 않아도 된다.
③ 감가상각 등의 비현금지출비용 등에 각별히 유의해야 한다.
④ 인플레이션이 반영되어야 한다.
⑤ 증분현금흐름이 반영되어야 한다.

> **해설** 현금흐름의 추정 시 세금의 효과를 고려해야 한다.

Answer 13.② 14.② 15.③ 16.②

17 다음 중 포트폴리오의 이론에 대한 내용으로 가장 옳지 않은 것은?

① 통상적으로 포트폴리오는 둘 이상의 투자자산의 배합을 의미한다.
② 이를 구성하는 목적은 분산투자를 통해 투자에 따르는 리스크를 최대화시키는데 있다고 할 수 있다.
③ 마코위츠에 의해 포트폴리오 이론이 처음으로 정립되었다.
④ 자본시장선은 무위험자산을 시장포트폴리오와 결합한 자본배분선을 말한다.
⑤ 균형상태의 자본시장에서 효율적 포트폴리오의 기대수익과 리스크의 선형관계를 표현하는 것을 자본시장선이라고 한다.

> **해설** 포트폴리오의 구성 목적은 분산투자를 통해 투자에 따르는 리스크를 최소화시키는데 있다.

18 전년도의 영업실적 정보를 근거로 전년도 순이익률을 구하면? (단, 소수점 셋째자리 아래는 버리고 %로 계산한다.)

• 순매출액 : 200만 원	• 판매원가 : 140만 원
• 판매원인건비 : 20만 원	• 관리비 : 5만 원
• 일반운영비 : 5만 원	• 주주배당금 : 10만 원

① 10.0% ② 14.2%
③ 15.0% ④ 21.4%
⑤ 30.0%

> **해설** 순이익 = 총수익(매출액) − 총비용 = 200만 원 − (140만 원 + 20만 원 + 5만 원 + 5만 원) = 30만 원이다.
> (매출액)순이익률(%) = 순이익/매출액 = 30만 원/200만 원 = 15.0%가 된다.

19 다음 박스 안의 내용이 설명하는 것은?

> 매매쌍방 간 미래의 어떠한 일정시점에 약정된 제품을 기존에 정한 가격에 일정수량을 매매하기로 계약을 하고, 이러한 계약의 만기 이전에 반대매매를 수행하거나 또는 만기일에 현물을 실제로 인수 및 인도함으로써 그러한 계약을 수행하는 것을 말한다.

① 선물거래 ② 옵션
③ 스왑 ④ 포트폴리오
⑤ 레버리지 효과

> **해설** 선물거래는 매매쌍방 간 미래 일정시점에 약정된 제품을 기존에 정한 가격에 일정수량을 매매하기로 계약을 하는 것을 의미한다.

20 다음 상품기획의 재무목표를 설명한 것 중 가장 올바른 것을 고르면?

① 자산수익률 = 경상이익/자산
② 재고총이익률 = 총이익/평균재고
③ 재고대비 매출비율 = 매출총액/평균재고
④ 재고회전율 = 매출총액/소매원가
⑤ 상품회전율 = 상품판매원가/소매원가

> **해설** ① 자산수익률 = $\dfrac{당기순이익}{총자산}$
> ③ 재고대비 매출비율 = $\dfrac{순매출}{평균재고}$
> ④ 재고회전율 = $\dfrac{매출액}{재고자산}$
> ⑤ 상품회전율 = $\dfrac{매출수량}{평균재고수량}$

Answer 17.② 18.③ 19.① 20.②

21 다음 그림에 대한 설명으로 가장 옳지 않은 것은?

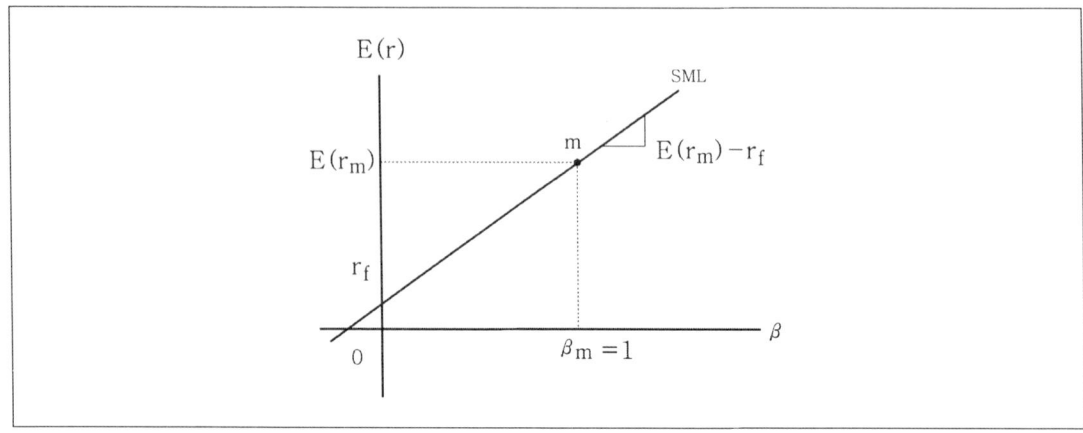

① 증권의 기대수익률의 결정에 있어 오로지 베타만이 중요역할을 수행한다.
② 증권의 기대수익률은 베타와 선형관계를 이룬다.
③ SML의 기울기인 시장위험프리미엄은 음(-)의 값이다.
④ SML의 절편은 명목무위험이자율을 나타낸다.
⑤ 명목무위험이자율의 크기는 실질무위험이자율과 예상인플레이션율에 따라 결정된다.

> **해설** SML의 기울기인 시장위험프리미엄은 양(+)의 값이다.

22 다음 중 재무비율분석의 특징으로 가장 옳지 않은 것은?

① 기존의 회계정보에 의존하는 특징이 있다.
② 종합적인 분석에는 어렵다는 단점이 있다.
③ 기업의 경영성과를 용이하게 알아볼 수 있다.
④ 비교의 기준이 되는 표준비율에 대한 선정이 까다롭다는 문제점이 있다.
⑤ 기업 조직의 재무 상태를 알아보기 어렵다는 문제점이 있다.

> **해설** 재무비율분석에서는 상대적으로 용이하게 기업의 경영성과와 재무 상태 등을 알아볼 수 있는 특징이 있다.

23 다음 중 현금흐름에 대한 설명으로 바르지 않은 것은?

① 세금의 효과를 고려해야 한다.
② 기회비용이나 매몰원가 등의 명확한 조정을 필요로 한다.
③ 증분현금흐름을 반영시켜야 한다.
④ 인플레이션은 반영시키지 않아도 된다.
⑤ 감가상각 등의 비현금지출비용 등에 대해서도 각별히 유의해야 한다.

> **해설** ④ 현금흐름에서는 인플레이션을 반영시켜야 한다.

24 비매출채권에 해당하지 않는 것은?

① 일상적 상거래에서 발생한 채권
② 선대금
③ 단기대여금
④ 가지급금
⑤ 미수수익

> **해설** 일상적인 상거래 외에서 발생한 채권이다.

25 다음의 설명 중에서 가장 옳지 않은 것은?

① MM의 자본구조이론은 1958년 모딜리아니와 밀러가 자본구조 무관계론을 발표하면서 본격적 발전을 시작하였다.
② 자본시장선은 무위험자산을 시장포트폴리오와 결합한 자본배분선이다.
③ 콜 옵션은 특정 증권 또는 제품 등을 살 수 있는 권리를 의미한다.
④ 포트폴리오의 구성 목적은 분산투자를 통해 투자에 따르는 리스크를 최대화시키는데 있다.
⑤ 선물이 거래되는 공인 상설시장을 선물시장 또는 상품거래소라고 한다.

> **해설** 포트폴리오의 구성 목적은 분산투자를 통해 투자에 따르는 리스크를 최소화시키는데 있다.

Answer 21.③ 22.⑤ 23.④ 24.① 25.④

26 다음 증권에 대한 설명 중 상환 시기나 방법 등에 따른 분류에 해당하지 않는 것은?

① 감채기금부사채
② 무보증사채
③ 만기전액상환사채
④ 수의상환사채
⑤ 정시분할사채

> ✔해설 증권의 종류 중 상환시기, 방법 등에 따른 분류로는 감채기금부사채, 만기전액상환사채, 수의상환사채, 정시분할사채, 연속상환사채 등이 있다. 무보증사채는 제3자의 보증유무에 따른 분류에 해당한다.

27 다음은 CAPM의 가정에 대한 설명이다. 이 중 바르지 않은 것을 고르면?

① 전체 투자자들은 자본자산에 관련한 의사결정에 필요로 하는 변수 등에 대해 동질적인 예측을 하고 있다.
② 전체 투자자들은 무위험이자율로 항상 자유롭게 투자자금에 대한 차입 및 대출 등이 가능하다.
③ 자본시장은 완전시장으로 전체 투자자들은 가격수용자이다.
④ 전체 투자자들은 마코위츠의 이론과 같이 자본자산의 기대수익률 및 표준편차에 따라 투자를 결정한다.
⑤ 자본시장은 불균형상태이다.

> ✔해설 CAPM에서의 자본시장은 균형 상태인 것으로 가정한다.

28 다음은 무차익조건에 관련한 내용들이다. 이 중 가장 옳지 않은 것은?

① 무위험 차익거래란 투자액의 부담 및 리스크의 부담도 없이 확실하게 이익을 얻어내는 차익거래를 말한다.
② 밀러와 모딜리아니는 무차익조건을 기반으로 하여 최적자본구조이론을 제시하게 되었다.
③ 어떠한 가격수준에서 차익거래가 완전하게 해소되어 초과공급 및 초과수요가 존재하게 되면 이것이 곧 균형가격이다.
④ 합리적인 투자자 서로가 경쟁하는 시장에서 차익거래의 기회가 존재할 수 없는 것을 무차익조건이라 한다.
⑤ 크나큰 부를 축적하고 싶어하는 투자자는 무위험한 차익거래의 기회가 제공되면 가능한 커다란 규모의 차익거래를 실행해서 더 많은 차익거래에 대한 이익을 얻고자 할 것이다.

> **해설** 어떠한 가격수준에서 차익거래가 완전하게 해소되어 초과공급 및 초과수요가 존재하지 않게 되면 이것이 곧 균형가격이다.

29 다음 중 효율적 시장에 대한 내용으로 옳지 않은 것은?

① 모든 활용 가능한 정보들이 현재 시장가격에 보다 충분히 반영되어 있는 시장이다.
② 효율적 시장은 완전 시장에 비해 보다 더 현실적이라 할 수 있다.
③ 완전시장은 실제적으로 존재하지 않는 일종의 가상시장이다.
④ 완전시장이란 효율적인 자본 분배기능을 완전하게 실행하게 되는 금융시장이다.
⑤ 효율적 시장에서는 주가수준이 재무정책결정에 있어 많은 영향을 미치게 된다.

> **해설** 효율적 시장에서는 주가수준이 재무성책결정에 있어 아무 영향도 미치지 못한다.

Answer 26.② 27.⑤ 28.③ 29.⑤

30 통상적으로 정부 및 공공단체와 주식회사 등이 일반인으로부터 비교적 거액의 자금을 일시에 조달하기 위해 발행하게 되는 차용증서를 채권이라 한다. 다음 중 채권에 관련한 사항으로 보기 가장 어려운 것은?

① 원리금에 대한 상환기간이 발행시점으로부터 정해져 있는 일종의 기한부 증권이라 할 수 있다.
② 채권은 대부분이 단기증권의 성격을 지닌다.
③ 채권은 유통시장에서 현금화를 용이하게 할 수 있는 유동성이 높은 증권이다.
④ 동일한 채권이라 할지라도 만기까지의 기간에 따라 수익률이 달라지기도 한다.
⑤ 채권의 발행 시 상환금액 및 이자가 확정되어 있는 고정금리채권이 대부분이다.

✔ 해설 채권은 대부분이 장기증권이다.

31 어떠한 채권의 약정수익률이 20%이고, 기대수익률이 10%이다. 이 때 무위험이자율을 5%라고 할 때에 해당 채권의 위험프리미엄과 채무불이행위험프리미엄을 각각 구하면?

① 5%, 5% ② 5%, 20%
③ 5%, 10% ④ 5%, 13%
⑤ 5%, 15%

✔ 해설 위험프리미엄(10%-5%)은 5%가 되며, 채무불이행위험프리미엄(20%-10%)은 10%이다.

32 이자금액 및 원금의 현가로 가중 평균한 기간합계를 듀레이션(Duration)이라고 한다. 다음 중 듀레이션의 특징에 대한 설명으로 바르지 않은 것을 고르면?

① 만기가 길어질수록 듀레이션도 동일하게 길어지게 된다.
② 만기수익률이 낮아질수록 듀레이션도 길어지게 된다.
③ 영구채권의 듀레이션은 $\dfrac{(1+y)}{y}$ 로 일정하게 된다.
④ 액면금리가 높아질수록 듀레이션도 길어지게 된다.
⑤ 무액면금리채권의 만기는 바로 듀레이션이다.

✔ 해설 액면금리가 낮아질수록 듀레이션도 길어지게 된다.

33 다음 중 말킬(Malkiel)이 제시한 채권가격의 정리에 대한 설명으로 바르지 않은 것은?

① 동일한 이자율 변동에 의해 만기까지의 기간이 길어질수록 장기채권의 가격은 단기채권의 가격보다 더 큰 폭으로 변동하게 된다.
② 이표이율이 높아질수록 일정한 시장이자율 변동에 의한 채권가격의 변동률은 작아지게 된다.
③ 이자율의 변동이 발생할 시에는 만기까지의 기간이 길어질수록 채권의 가격은 보다 더 커다란 폭으로 변동하게 된다.
④ 채권가격은 이자율 수준에서의 움직임과 동일한 방향으로 변동하게 된다.
⑤ 시장이자율이 동일한 크기로 상승하거나 또는 하락할 때 채권 가격의 하락 및 상승이 비대칭적이다.

> **해설** 채권가격은 이자율 수준에서의 움직임과 반대방향으로 변동하게 된다.

34 기업의 경우 효율적인 재고관리를 위해서 정확한 로스를 파악하는 것이 중요하다. 어떤 점포의 식품 매출과 재고현황이 다음과 같을 때 상품 로스율을 구하면?

매출실적액	기초재고액	기중매입액	실사재고액
340	137	260	40

① 3% ② 4%
③ 5% ④ 6%
⑤ 7%

> **해설** 위의 조건에 따라 계산하면 다음과 같다.
> 상품로스율 = $\frac{상품로스}{상품매출액} \times 100$ 이며,
> 상품로스 = (기초재고액 + 기중매입액) − (매출실적액 + 실사재고액) = 17이 된다.
> 그러므로 로스율은 $\frac{17}{340} \times 100 = 5\%$가 된다.

Answer 30.② 31.③ 32.④ 33.④ 34.③

35 다음 중 기업의 내재가치에 영향을 미치는 요인 중 시장외적 요인들로만 바르게 묶인 것을 고르면?

① 국내 정국상황, 사회적인 사건의 발생
② 성장성, 안정성, 유동성
③ 제품의 내용, 산업 라이프사이클
④ 연구개발투자, 경영자의 자질
⑤ 통화정책, 물가동향, 경기순환, 재정정책

✔해설 시장외적 요인으로는 통화정책, 물가동향, 경기순환, 재정정책, 금리수준 등이 있다.

36 다음은 기술적 분석에서의 기본적 가정에 대한 내용들이다. 이 중 가장 옳지 않은 것은?

① 주가가 변동하는 이유는 주식에 대한 공급 및 수요의 변화 때문이다.
② 주가는 해당 주식의 공급 및 수요에 의해 결정된다.
③ 주가는 관련되는 정보들을 서서히 반영하고, 특정 추세를 단기간에 걸쳐 형성하면서 변화된다.
④ 주가 및 거래량 등이 변화하는 것은 스스로가 반복하는 경향이 있기 때문이다.
⑤ 시장 주가는 재무적 요인 및 경제적 요인뿐만 아니라 계량화하기 어려운 심리적 요인 등에 의해서도 영향을 받게 된다.

✔해설 주가는 관련되는 정보들을 서서히 반영하고, 특정 추세를 장기간에 걸쳐 형성하면서 변화된다.

37 PER(Price Earnings Ratio)는 현 주가가 주당이익의 몇 배인지를 나타내는 정보이다. 다음 중 이에 대한 내용으로 바르지 않은 것은?

① PER는 해당 기업조직에 대한 시장의 신뢰도 지표로는 활용이 불가능하다.
② PER가 높으면 높을수록 주가가 고평가되어 있다고 할 수 있다.
③ PER는 구성요소에 대한 예측이 배당평가모형에 비해서 용이하다.
④ PER는 이익의 크기가 다른 비슷한 기업 조직들의 주가수준을 쉽게 비교할 수 있는 특징을 지니고 있다.
⑤ 주가수익비율 자체는 현 주가를 이익에 의해 상대적으로 표현하는 것으로 좋은 투자지표가 된다고 할 수 있다.

> **해설** PER는 해당 기업조직에 대한 시장의 신뢰도 지표로 활용이 가능하다.

38 다음 중 기본적 분석에서 미시적 접근방법을 바르게 표현한 것은?

① 기업 → 국내경제 → 산업 → 세계경제
② 기업 → 산업 → 국내경제 → 세계경제
③ 기업 → 세계경제 → 국내경제 → 산업
④ 기업 → 세계경제 → 산업 → 국내경제
⑤ 기업 → 국내경제 → 세계경제 → 산업

> **해설** 기본적 분석에서 미시적 접근방법
> 기업 → 산업 → 국내경제 → 세계경제

Answer 35.⑤ 36.③ 37.① 38.②

39 매년 영구적으로 동일하게 3,000원의 배당을 지급하는 A회사의 주식이 있다. 이 때 요구수익률이 20%일 때 해당 주식의 내재가치를 구하면?

① 10,000원
② 12,000원
③ 13,000원
④ 15,000원
⑤ 17,000원

> ✔ 해설 $V_0 = \dfrac{D}{k}$ 에 의해 $\dfrac{3,000}{0.2} = 15,000$원이 된다.

40 다음 괄호 안에 들어갈 말을 순서대로 바르게 나열하면?

> (㉠)은/는 거래조건 및 계약조건 등이 표준화되어 있으며, 정해진 장소에서 거래된다는 특징이 있는 반면에, (㉡)은/는 거래 장소에는 구애를 받지 않고 더불어 대상 제품이 표준화되어 있지도 않는다는 특성이 있다.

① ㉠ 선물계약, ㉡ 현물거래
② ㉠ 선도계약, ㉡ 현물거래
③ ㉠ 선도계약, ㉡ 선물계약
④ ㉠ 현물거래, ㉡ 선물계약
⑤ ㉠ 선물계약, ㉡ 선도계약

> ✔ 해설 선물계약은 거래조건 및 계약조건 등이 표준화되어 있으며, 정해진 장소에서 거래된다는 특징이 있는 반면에, 선도계약은 거래 장소에는 구애를 받지 않고 더불어 대상 제품이 표준화되어 있지도 않는다는 특성이 있다.

41 다음 중 선물계약(Futures Contract)에 대한 설명으로 바르지 않은 것은?

① 선물의 매입 및 매도에 있어 비용이나 수익 등은 발생하게 된다.
② 최초의 거래 시점에서 선물거래의 가치는 0이다.
③ 선물거래로 인한 손익의 기댓값은 0이다.
④ 선물매입자와 매도자의 손익을 합산하면 항상 0이 된다.
⑤ 만기에 기초자산을 선물가격으로 인수함으로써 거래는 청산되게 된다.

> ✔ 해설 선물의 매입 및 매도 등에 있어 비용이나 수익 등은 발생하지 않게 된다.

42 다음 중 옵션(Option)에 대한 설명으로 틀린 것을 고르면?

① 옵션의 행사라 함은 기초자산의 시장가격이 행사가격에 비해서 유리한 경우 계약의 내용을 이행할 수 있도록 요구하는 행위를 말한다.
② 유럽형 옵션은 오로지 개시일에만 권리를 행사할 수 있는 옵션을 말한다.
③ 미국형 옵션은 만기일 이전의 어느 시기라도 권리를 행사할 수 있는 옵션을 말한다.
④ 풋 옵션은 정해진 가격으로 일정한 시점에서 기초자산을 처분할 수 있는 권리가 부여된 증권을 말한다.
⑤ 콜 옵션은 정해진 가격으로 일정한 시점에서 기초자산을 구입할 수 있는 권리가 부여된 증권을 말한다.

✔ 해설 유럽형 옵션은 오로지 만기일에만 권리를 행사할 수 있는 옵션을 의미한다.

43 다음 중 괄호 안에 들어갈 말을 순서대로 바르게 나열한 것을 고르면?

> 콜 옵션의 만기가치는 기초자산인 주식의 가격이 (㉠), 행사가격이 (㉡), 위험이자율이 커질수록, 만기가 길수록, 분산이 클수록 콜 옵션의 가격은 높아지게 된다.

① ㉠ 높을수록, ㉡ 낮을수록
② ㉠ 낮을수록, ㉡ 높을수록
③ ㉠ 높을수록, ㉡ 높을수록
④ ㉠ 낮을수록, ㉡ 낮을수록
⑤ ㉠ 낮을수록, ㉡ 같을수록

✔ 해설 콜 옵션의 만기가치는 기초자산인 주식의 가격이 높을수록, 행사가격이 낮을수록, 위험이자율이 커질수록, 만기가 길수록, 분산이 클수록 콜 옵션의 가격은 높아지게 된다.

Answer 39.④ 40.⑤ 41.① 42.② 43.①

44 다음 중 선물시장의 기능으로 보기 어려운 것은?

① 재고의 배분
② 손실방지
③ 자본의 형성
④ 기존 투자수단의 제공
⑤ 현물시장에서의 유동성확대의 기능

> ✅ **해설** 선물시장의 기능으로는 재고의 배분, 손실의 방지, 자본의 형성, 현물시장에서의 유동성확대의 기능, 새로운 투자수단의 제공, 제품가격 안정화기능, 미래 가격정보예측기능 등이 있다.

45 다음 중 국내에서 활발하게 거래되어지고 있는 옵션을 고르면?

① KOSDAQ 100
② KOSPI 200지수
③ KOSDAQ 50
④ KOSDAQ 150
⑤ NYSE 종합주가지수

> ✅ **해설** 현재 국내에서 활발하게 거래되어지고 있는 옵션은 KOSPI 200지수이다.

46 다음 중 옵션가격의 결정요인에 해당하지 않는 것은?

① 기업 배당정책
② 행사가격
③ 만기까지의 기간
④ 무위험이자율
⑤ 기말자산의 가격

> ✅ **해설** 옵션가격의 결정요인으로는 기업 배당정책, 행사가격, 만기까지의 기간, 무위험이자율, 기초자산의 가격 변동성, 기초자산의 가격 등이 있다.

47 다음 괄호 안에 들어갈 말을 순서대로 바르게 나열한 것을 고르면?

> (㉠)은/는 선택되어진 자산들 중에서 어떠한 산업에 투자할지를 결정하는 것을 말하고, (㉡)은/는 산업 내 종목들 중 어느 기업에 투자하게 될지를 정하는 것을 말하며, (㉢)은/는 채권, 주식, 부동산 등에 대한 분배를 의미한다.

① ㉠ 산업의 선정, ㉡ 자산의 배분, ㉢ 종목의 선정
② ㉠ 산업의 선정, ㉡ 종목의 선정, ㉢ 자산의 배분
③ ㉠ 자산의 배분, ㉡ 산업의 선정, ㉢ 종목의 선정
④ ㉠ 자산의 배분, ㉡ 종목의 선정, ㉢ 산업의 선정
⑤ ㉠ 종목의 선정, ㉡ 자산의 배분, ㉢ 산업의 선정

> **해설** 산업의 선정은 선택되어진 자산들 중에서 어떠한 산업에 투자할지를 결정하는 것을 말하고, 종목의 선정은 산업 내 종목들 중 어느 기업에 투자하게 될지를 정하는 것을 말하며, 자산의 배분은 채권, 주식, 부동산 등에 대한 분배를 의미한다.

48 점포 A의 금년도 매출예산은 120억 원이며, 예정상품회전율은 연 8회이다. 10월의 월매출예산이 20억 원이라고 가정할 때 10월의 월초계획재고액을 '백분율 변경법'으로 구한 값은?

① 200,000만 원
② 210,000만 원
③ 215,000만 원
④ 220,000만 원
⑤ 225,000만 원

> **해설** 위 조건에 제시된 백분율 변경법으로 인한 월초계획재고액을 구하면 다음과 같다.
>
> 월초계획재고액 $= \dfrac{\text{연매출예산}}{\text{예정상품회전율}} \times \dfrac{1}{2}\left(1 + \dfrac{\text{월매출예산}}{\text{월평균매출예산}}\right) = \dfrac{120억 원}{8회} \times \dfrac{1}{2} \times \left(1 + \dfrac{20억 원}{10억 원}\right)$
>
> = 225,000만 원이 된다.

Answer 44.④ 45.② 46.⑤ 47.② 48.⑤

49 다음 중 성격이 다른 하나는?

① 국공채
② 양도성 예금증서
③ 통화안정증권
④ 기업어음
⑤ 환매조건부채권

> ✔해설 ②③④⑤번은 단기 재무성증권에 속하며, ①번은 장기금융상품에 속한다.

50 다음 중 장기금융상품에 속하는 것들끼리 바르게 묶은 것은?

㉠ 기업어음	㉡ 통화안정증권
㉢ 국제채권	㉣ 회사채
㉤ 양도성 예금증서	

① ㉠, ㉡
② ㉠, ㉣
③ ㉡, ㉢
④ ㉢, ㉣
⑤ ㉣, ㉤

> ✔해설 장기금융상품으로는 국공채, 회사채, 국제채권, 지방채 등이 있다.

51 다음 중 개방형 펀드에 대한 설명으로 바르지 않은 것은?

① 투자자의 경우 펀드회사에 상시 신규투자 또는 자금 등을 회수하도록 요청이 가능하다.
② 통상적으로 개방형 펀드는 뮤추얼펀드라고도 한다.
③ 한 펀드가 하나의 투자회사로서 투자자가 펀드의 주주이다.
④ 개방형 펀드의 경우 주로 단기에 환매하는 경우에는 일정 기간을 정해서 환매수수료를 부과하기도 한다.
⑤ 개방형 펀드는 추가입금의 여부와 관계없이 환매가 불가능한 펀드이다.

> ✔해설 개방형 펀드는 추가입금의 여부와 관계없이 환매가 가능한 펀드이다.

52 다음 자본자산 가격결정모형(CAPM)에 관한 설명 중 바르지 않은 것은?

① 차입이자율과 대출이자율이 다를 경우에는 CAPM 성립이 불가능하다.
② 이질적인 예측을 하는 경우 CAPM은 성립이 가능하다.
③ 자본자산 가격결정모형은 자본시장이 균형의 상태를 이룰 시에 자본자산의 가격과 위험과의 관계를 예측하는 모형을 말한다.
④ 무위험자산을 투자대상에 포함시켜 지배원리를 만족시키는 효율적인 투자선을 찾아내는 것을 자본시장선이라 한다.
⑤ 자본자산 가격결정이론은 세금 및 거래비용이 존재하지 않는 상황을 가정한다.

> **해설** ② 자본자산 가격결정모형은 포트폴리오 선택이론이 개발된 이후 샤프, 린트너, 모신 등에 의해 개발되었다. 이 모형은 주식이나 채권 등 자본자산들의 기대수익률과 위험과의 관계를 이론적으로 정립한 균형 모델로서 커다란 의미를 지니고 있다. 하지만 이질적인 예측을 하는 경우 자본자산 가격결정모형은 성립이 불가능하다. 또한 증권을 비롯한 자본자산의 위험과 수익 사이에 존재하는 균형관계를 설명하는 모형이다.

53 다음 듀레이션에 관한 설명 중 바르지 않은 것은?

① 무이표채의 경우 만기 이전에 아무런 현금흐름이 발생하지 않으므로 듀레이션은 만기와 동일하다.
② 다른 조건이 동일한 이표채의 경우 이자지급 기간이 짧을수록 듀레이션은 길어진다.
③ 듀레이션은 이자율과 채권가격 간의 관계를 선형으로 가정하므로 오차가 발생할 수 있는데, 이는 볼록성을 이용하여 줄일 수 있다.
④ 듀레이션은 채권의 실질적인 만기로서, 채권투자 시 발생하는 현금흐름의 가중평균 기간을 의미한다.
⑤ 듀레이션은 액면이자율 및 시장이자율과 역의 관계에 있다.

> **해설** ② 다른 조건이 동일한 이표채의 경우 이자지급 기간이 짧을수록 듀레이션은 짧아진다. 듀레이션은 채권의 실질적인 만기로서, 채권투자시 발생하는 현금흐름의 가중평균기간을 의미하며, 액면이자율 및 시장이자율과 역의 관계에 있다. 무이표채의 경우 만기 이전에 아무런 현금흐름이 발생하지 않으므로 듀레이션은 만기와 동일하다. 이자율과 채권가격간의 관계를 선형으로 가정하므로 오차가 발생할 수 있는데, 이는 볼록성을 이용하여 줄일 수 있다.

Answer 49.① 50.④ 51.⑤ 52.② 53.②

54 다음 중 코스닥 시장에 관련한 내용으로 가장 옳지 않은 것은?

① 코스닥 시장은 한국증권업협회가 운영하는 유통시장으로 거래소 없이 네트워크 시스템에 의해 주식거래가 이루어진다.
② 독립적이면서 서로 경쟁관계에 있는 독립시장을 형성하고 있다.
③ 성장가능성이 높은 벤처기업 또는 중소기업의 자금조달이 가능하도록 하게 하는 성장기업 중심의 시장이라 할 수 있다.
④ 투자자들의 본인책임의 원칙이 상당히 강조되는 시장이다.
⑤ 우량종목의 발굴에 대한 증권사의 선별기능은 중시되지 않는 시장이라 할 수 있다.

✔ 해설 코스닥 시장은 우량종목 발굴에 대한 증권사의 선별기능이 중시되는 시장이라 할 수 있다.

55 다음은 위험(Risk)에 대한 내용들이다. 이 중 가장 옳지 않은 것을 고르면?

① 위험이란 미래에 발생 가능한 상황 및 객관적인 확률을 알고 있는 상태이다.
② 위험의 경우 기대수익률의 변동가능성을 의미하기도 한다.
③ 위험의 측정은 표준편차 혹은 통계학의 분산으로 측정한다.
④ 위험의 측정에서 표준편차 혹은 분산을 위험의 척도로 활용하기는 어렵다.
⑤ 위험의 측정에서는 수익률의 확률분포가 퍼질수록 더 위험하다고 할 수 있다.

✔ 해설 위험의 측정에서 표준편차 혹은 분산을 위험의 척도로 활용할 수 있다.

56 다음 중 완전자본시장에 대한 설명으로 틀린 설명은?

① 거래비용이 많이 발생하게 된다.
② 동일한 정보를 투자자들이 가지게 된다.
③ 자본, 배당 및 이자소득에 대한 세금이 없다.
④ 자산의 공매에 있어 제약이 없다.
⑤ 자산을 쪼개어서 거래할 수 있다.

✔ 해설 완전자본시장에서는 거래비용이 없다.

57 무차별곡선은 위험 및 수익률의 결합이 서로 동일하게 효용을 가져다주는 투자안들의 집합을 평균-표준편차 평면에 나타낸 것을 의미한다. 이 때 투자자가 위험선호적인 경우에 무차별곡선의 형태는 어떻게 되는가?

① 가파른 형태가 된다.
② 아래로 오목하게 된다.
③ 위로 볼록하게 된다.
④ 아래로 볼록하게 된다.
⑤ 직선형태가 된다.

> **해설** 투자자가 위험선호적인 경우에 무차별곡선의 형태는 위로 볼록한 형태를 지니게 된다.

58 다음 괄호 안에 공통적으로 들어갈 말로 가장 적합한 것은?

> 무위험자산의 성질 측면에서 보면 아무런 리스크가 없는 자산이기에, 정의 상 수익률의 표준편차는 (　)이며, 타 자산수익률과의 공분산은 언제나 (　)이 된다.

① 2
② 1
③ 0
④ -1
⑤ -2

> **해설** 무위험자산의 성질 측면에서 보면 아무런 리스크가 없는 자산이기에, 정의 상 수익률의 표준편차는 0이며, 타 자산수익률과의 공분산은 언제나 0이 된다.

59 다음 중 무위험자산의 시장이 균형 상태에 이르게 되었을 때, 무위험자산 시장 전체의 순차입액 및 순대여액은 얼마인가?

① 1
② -1
③ 0
④ 2
⑤ -2

> **해설** 무위험자산의 시장이 균형 상태에 이르게 되었을 때, 무위험자산 시장 전체의 순차입액 및 순대여액은 0이 된다.

Answer 54.⑤ 55.④ 56.① 57.③ 58.③ 59.③

자격증

한번에 따기 위한 서원각 교재

한 권에 준비하기 시리즈 / 기출문제 정복하기 시리즈를 통해 자격증 준비하자!